农地流转机制、动力与障碍

——基于江苏省的实证分析

ON THE MECHANISM,
IMPETUS AND OBSTACLES OF FARMLAND RENTAL
— AN EMPIRICAL ANALYSIS BASED ON THE JIANGSU PROVINCE

江淑斌 / 著

社会科学文献出版社
SOCIAL SCIENCES ACADEMIC PRESS (CHINA)

摘　要

中国经济发展的整体趋势是快速工业化和城镇化。工业化提高了人民收入水平，使消费者对农产品数量和品质的需求不断增加；城镇化吞噬了大量耕地，使农业用地不断减少，并要求农业生产效率不断提高。提高农业生产效率，一方面可以开发和推广农业科技，提高农业生产技术效率。另一方面可以完善土地等要素市场，提高农业生产配置效率。中国农地交易方式是农地流转。理解农地流转、促进农地流转，对提高农业生产效率、促进经济发展有重要意义。

土地是农业部门的生产要素。农地流转主要受农产品市场和其他要素市场变化的影响。在工业化过程中，农业部门产品市场和要素市场都会发生深刻变化。产品市场方面，消费者对食品的需求随着收入水平提高发生改变，要求种植业结构做出调整；要素市场方面，二、三产业扩大，吸引农业劳动力大量转移。产品市场和要素市场变化要求农地在不同用途和不同生产者之间流动。当市场有效时，生产资料将根据价格的引导在不同生产者和不同用途之间自由流动，实现生产要素边际产出的均等化。交易者会根据交易特点，选择合适的合约进行交易，以便降低交易费用和规避风险。

本书从种植业调整和劳动力转移两个方向出发研究农地流转，分析农地流转机制、动力和障碍，从农地市场对农业部门产品市场和要素市场变化的反应来考察农地市场效率，为完善农地市场和促进农地流转提供政策依据。本书研究内容和相应结果如下：

研究内容一：农地流转机制。

本部分旨在通过对农地流转机制的分析，从农地流转途径考察农地流转的合约使用是否符合降低交易费用和规避交易风险的要求。研究以农地特征、交易对象和农地用途为"经"，以农地流转中介、担保、合同、期限和价格为"纬"，分析农地流转机制。考察农地特征和农地流动（农地在不同对象和不同用途之间流动）与合约选择的关系。结果表明，农地流转合约与农地流转对象和流转后农地用途密切相关。农地流转中农户根据交易对象和农地用途选择合适的流转方式，以达到降低交易费用和规避风险的目的。村集体参与农地流转能起到降低交易费用和规避风险的作用，但村集体介入过深也会侵害农户农地经营和收益。

研究内容二：农地流转动力。

本部分旨在通过分析农户农地流转行为，考察农地市场能否根据农业部门产品市场和要素市场变化合理配置资源。研究首先借鉴农户模型构建两农户农地市场模型，然后利用农地市场模型分析农户种植业调整、劳动力转移与其农地流转行为的关系，根据理论分析提出假说，最后利用江苏农村入户调查数据和 probit 模型与 tobit 模型对研究假说进行实证检验。结果表明，受种植业调整、劳动力转移和资源禀赋差异影响，农户之间的农地流转表现出三个主要方向：（1）农地由未做出种植业调整的农户向已经做出种植业调整的农户流转；（2）农地由劳动力非农就业程度高的农户向劳动力非农就业程度低的农户流转；（3）农地由土地资源丰富的农户向劳动力资源丰富的农户流转。农地市场能够根据农业部门产品市场和要素市场变化配置资源，农地流转符合资源有效配置要求。

研究内容三：农地流转障碍。

本部分旨在通过分析农地价格分布，从程度上判断农地市场能否实现资源有效配置，实现土地在不同生产者和不同用途之间的边际收益均等化。根据经济理论，资源实现有效配置时，交易者面对相同的市场价格，同一生产要素在同一市场中的价格趋于相等，不同生产者或不同用途的边际产出趋于相等。本部分采用逆向思维，首先考察农地价格分布，发现农地价格不趋于集中，而是趋于分离，然后分析农地价格趋于分离的根源。结果表明，农地流转价格趋于分离，农地细碎化导致农地流转产生"租金分层"现象。这说明，农地资源没有实现有效配置，农地细碎化和农地制度限制了市场作用的发挥，对农地流转有阻碍作用。

研究表明，农地市场能够根据农业经营环境变化合理配置土地资源，农地流转合约的使用符合降低交易费用和规避风险的要求，但农地细碎化和农地制度限制了市场作用发挥，阻碍农地流转。此外，研究还发现老年人经营农业倾向于自给自足，农业劳动者老龄化对农地流转有抑制作用。促进农地流转，一要根据当地经济发展水平进行推动；二要以村集体为中心建设有形农地市场；三要培养新农民，促进农民地区间流动。

关键词：种植业调整；劳动力转移；农地流转；租金分层

ABSTRACT

Rapid industrialization is the overall trend of China's economy development. In the process of industrialization, on the one hand, consumers will increase their demand for agricultural production with income rise; on the other hand, urbanization causes agricultural land keeps decreasing. How to produce enough agricultural products in order to meet increasing demand for agricultural products is inevitable challenge in the development of agriculture in China. There are two kinds of methods can be used to increase efficiency in agricultural production. Firstly, develop and spread agricultural science and technology in order to increase technical efficiency. Secondly, improve land, labor and capital market in order to increase allocation efficiency. Farmland rental is only means of agricultural land exchange in China. Promotion of farmland rental is important to increasing of efficiency in agricultural production and development of economy.

Land is an important production factor in the agricultural sector. It is play an important role in agricultural production. Farmland rental was mainly caused by changes of agricultural products market and other production factors market. The agricultural products markets and production factors markets change fast in the rapid industrialization. On the one hand, the change of demand for agricultural production causes crop production adjustment; on the other hand, expansion of non – agriculture sector causes labor force migration from agriculture sector. The change of markets cause farmland rental among different agricultural producers. As market is effective, production factors will flow among producers according to exchange of price in order to equalize marginal output of factors, trader will choose appropriate contracts in order to decrease transaction cost and avoid risk.

This thesis is aim toexamine the efficiency of farmland market through studying on farmland rental in the context of rapid industrialization. Crop production adjustment and labor force migration were focused as impetus caused farmland rental in the context of rapid industrialization. Orientation, process and extent are three dimensions used to examine the efficiency of farmland market. Mechanism, impetus and obstacles of farmland rental are three research contents. The contents and the related conclusions are as follows:

Content 1: Mechanism of farmland rental.

The objective of this section is to analyze contracts used in farmland rental, in order to examine contracts were or were not coincidence with the demand of decrease transaction cost and avoid risk. The contract theory shows that trader will choose appropriate contracts in order to decrease

5

transaction cost and avoid risk. In the contracts examination, nature of land, trader and application of farmland were used as longitude; medium, guarantee, oral or writing contract, term, price were used as latitude. The results show that contracts were adopted were related tightly to trader and application of farmland in farmland rental. It indicates that contracts were used in farmland were coincidence with the demand of decrease transaction cost and avoid risk.

Content 2: Impetus of farmland rental.

The objective of this sectionis to analyze behaviors of rural households, in order to examine the flow of farmland is or is not coincidence with the demand of allocating resources effectively. Agricultural household model was adopted in the double – households farmland market model structuring. The double – households farmland market model was used to analyze effects of crop production adjustment and labor force migration on farmland rental of households. Theoretical analysis supplied with empirical study two hypotheses. The empirical study based on Jiangsu rural household survey data shows there kinds of orientation of farmland among rural households. Firstly, Land from unadjusted households was transferred to adjusted ones in crop production adjustment. Secondly, land was transferred from households which have a high degree of labor force migration to households which have a low degree of labor force migration. Thirdly, land was transferred from land abundant households to labor force abundant ones. This indicates that the flow of farmland is coincidence with the demand of allocate resources, farmland market and allocate resources according to change of product market and factor market in agriculture sector.

Content 3 : Obstacles of farmland rental.

The objective of this section is to analyze price distribution of farmland in order to examine the farmland market whether or not could allocate resource effectively and equalize marginal output of farmland among producers. The economic law show that when market is effective, production factors will flow among producers according to exchange of price in order to equalize marginal output of factors. With converse thinking, the author firstly examine the distribution is concentration or separation, and then analyze causes of separation of price distribution of farmland. It was concluded that the price distribution of farmland is separation, the fragment of farmland restrict the function of market, it is obstacle to farmland rental.

In brief, farmland market can allocate land resource according to circumstance change of agriculture production, contacts were used in farmland rental were coincidence with the demand of decrease transaction cost and avoid risk. However, fragment of farmland and the aging of producer in agriculture limit the function of market, obstacle to farmland rental. To promote farmland rental, the author make three policy suggestions. First, improve farmland rental according to regional economic development; second, set up tangible farmland rental market at the village level; third, train new farmer and promote regional flow of farmers.

Keywords: Crop Production Adjustment; Labor Force Migration; Farmland Rental; Rent Gap

目　录

第一章　导论

一　问题提出与研究意义

土地是重要的生产要素，在经济发展中发挥着不可替代的作用。在发展中国家，土地还是重要的家庭资产，是决定家庭福利的关键因素（Lopez and Valdez，2000；Finan，Sadoulet，and de Janvry，2002）。政治经济学之父威廉·配第（William Petty）以"财富之母"评价土地的意义。通过交易，土地的作用可以得到更好发挥。土地交易具有收益效应（Besley，1995）和边际产出拉平效应（姚洋，2000），而且能促进不可交易生产要素收益的均等化（Skoufias，1991）。在非农化过程中，土地交易可以使有生产能力的生产者获得土地，为实现劳动力转移的农民获得土地投资补偿。在有条件的地方，土地交易还能促进金融市场发展（克劳斯，2007），为生产者获得信贷提供便利。在完全市场下，土地所有权初始分配对家庭福利有影响，但不影响生产效率，土地市场能实现资源有效配置（Feder，1985）。但在现实中，劳动力市场（Jensen and Mecking，1976）和资本市场（Stigliz and Weiss，1981）的缺陷常常会影响土地市场的运行效率，有时政府的政策也会使市场扭曲。这种现

1

象在发展经济体中尤其普遍。

中国经济发展的整体趋势是快速工业化和城镇化。工业化提高了人民收入水平，使消费者对农产品数量和品质的需求不断增加，而城镇化吞噬大量耕地，农地将不断减少。如何用不断减少的农地满足持续增长的农产品需求是中国农业发展无法回避的挑战，提高农业生产效率是经济发展不变的要求。提高农业生产效率，一方面需要开发和推广农业科技，提高技术效率；另一方面需要完善土地等要素市场，提高配置效率。在家庭联产承包责任制下，农地流转是中国农地交易的唯一方式。理解农地流转、促进农地流转，对提高农业生产效率、促进经济发展有重要的现实意义。基于此，本书将研究农地流转，分析农地市场运行效率，发现农地流转障碍，为促进农地流转提供政策依据。

改革开放以来，中国逐渐由计划经济向市场经济迈进。日益自由的劳动市场使农业劳动力大量转移。随着家庭联产承包责任制的确立和完善，农地使用权交易逐渐出现，并以农地流转形式得到法律的认可。学界对农地流转关注密切，并取得了丰富的研究成果。但现有研究主要集中于农业部门要素市场变化（姚洋，1999；Yang Yao，2000；Kung，2002；Kung and Lee，2001；Shi et al.，2007；Feng and Heerink，2008；王克强等，2001；史清华等，2007；钱忠好，2008）对农地市场的影响，但对农业部门产品市场变化和农地市场运行效率的研究还不足。

土地是农业部门的生产要素，在农业生产中和劳动、资本等生产要素共同发挥作用。农地流转主要受农产品市场和其他要素市场变化的影响。在工业化过程中，农业部门的产品市场和要素市场都会发生深刻变化。产品市场方面，消费者对食品的需求随着收入的提高而发生改变，这就要求对种植业进行调整；要素市场方面，二、三产业扩大，吸引农业劳动力大量转移。产品市场和要素市场的变化要求农地在不同用途和不同生产者之间流动。新古典主义经济理论认为，当市场有效时，生产资料将根据价格的引导在不同生产者和不同用途之间自由流动，实现生产要素边际产出的均等化，即实现资源有效配置。新制度经济理论则认为，市场交易存在交易费用和风险，交易者会根据交易特点，选择合适的合约进行交易，以降低交易费用和规避风险。

综上所述，本书将从种植业调整和劳动力转移两个方向出发，分析农地流转机制、动力和障碍，从农地市场对农业部门产品市场和要素市场变化的反应来考察农地市场效率。

二　研究目标与研究内容

（一）研究目标

本研究的总目标是分析工业化进程中农地市场能否根据农业部门产品市场和要素市场的变化在不同生产者之间有效配置土地资源，发现农地流转障碍，并根据研究结论提出消除障碍、促进农地流转的政策建议。这一总目标的实现依赖以下三个分目标的完成。

目标一：分析农地流转机制，考察农地流转合约使用是否符合降低交易费用和规避交易风险的要求；

目标二：分析农地流转与农业部门产品市场和要素市场变化的关系，考察农地市场能否根据农业部门产品市场和要素市场变化合理配置资源；

目标三：分析农地价格分布，考察农地流转能否实现资源有效配置，能否实现土地在不同生产者和不同用途之间的边际收益均等化，如果不能，那么便探求农地流转障碍，提出消除障碍的措施。

（二）研究内容

为达成以上研究目标，本书将对以下四个内容进行研究。

内容一：工业化进程中种植业调整和劳动力转移基本趋势。种植业调整对应产品市场变化，劳动力转移对应要素市场的变化。在工业化过程中，农业部门产品市场和要素市场的变化种类繁多，本研究只关注种植业调整和农业劳动力转移两种变化。而且，种植业调整只关注种植业作物种类的调整，农业劳动力转移只关注劳动力在农业和非农产业之间的转移。

内容二：农地流转机制。研究以农地地块特征、交易对象和流转后农地用途为"经"，以农地流转中介、担保、合同、期限和价格为"纬"，分析农地流转中的合约选择。考察各种农地流转（在不同交易者和不同用途之间流动）与合约选择的关系，分析农地流转合约的使用是否符合降低交易费用和规避风险的要求，最终从流转途径判断农地市场运行效率。

内容三：农地流转动力。研究首先借鉴农户模型构建两农户农地市场模型，然后利用农地市场模型分析农户种植业调整和劳动力转移与其农地流转行为的关系，根据理论分析结果提出假说，最后使用农户调查数据进行实证检验。最终从农地流转方向判断农地市场能否根据农业部门产品市场和要素市场变化配置资源。

内容四：农地流转障碍。分析流转农地在各个价格区间的分布，考察农地的整体价格分布是趋于集中，还是趋于分离，最终从程度判断农地市场是否有效。通过分析农地市场价格分离的原因，探求农地流转障碍。根据经济理论，资源实现有效配置时，所有交易者面对相同的市场价格，同一生产要素在同一市场中的价格趋于相等，不同生产者或不同用途的边际产出趋于相等。当资源不能自由、充分流动时，市场价格趋于分离。

三 研究方法与数据来源

（一）研究方法

本书整体上使用理论分析与实证检验相结合的研究方法。

理论方法有农户模型、农户市场模型和合约理论。

研究借鉴已有的单一效用可分性农户模型构造两农户市场模型，利用农户市场模型分析农户种植业调整、家庭劳动力转移与其农地供给和需求之间的关系。农户市场模型有两个特点。其一，农户既是农地的供给者，也是农地的需求者，农地的供给曲线和需求曲线是同一条曲线，都是农户的农地边际收益曲线；其二，农地价格是内生的，由农产品价格和劳动力工资共同决定。研究利用两农户市场模型分析种植业调整和劳动力转移对农户农地流转行为的影响，分析农地流转在拉平农户农地边际收益中的作用。

合约理论认为，市场交易存在交易费用和风险，交易者倾向于选择能够降低交易费用和回避风险的合约进行交易。本书对农地流转合约进行了考察，分析农地合约的采用是否符合降低交易费用的标准，是否符合规避风险的要求。

实证方法有一般统计分析方法、二元 probit 模型、tobit 模型和 C－D 生产函数。

分析农地流转机制时，使用一般统计分析法，通过农地地块特征、交易对象和农地用途与中介、担保、合同、期限和价格的交叉分析，考察农地地块特征、交易对象和用途对农地流转合约选择的影响。

分析农地流转动力时，研究使用二元 probit 模型和 tobit 模型。在计量分析中，probit 模型适用于因变量为虚拟变量的回归分析，tobit 模型适用于因变量在严格为正时大致连续，但整体中有一个不可忽略部分取值为零的回归分析。因此，当因变量为农户是否流转农地时，使用 probit 模型，当因变量为农户农地流转面积时，使用 tobit 模型。

分析农地流转障碍时，先使用 C－D 生产函数估计各地的农业生产函数，然后利用生产函数计算农户的影子地租，通过影子地租和农地市场价格的比较检验理论分析。

（二）数据来源

根据具体内容要求，研究同时使用官方统计资料和实地调查数据。在研究内容一中，使用统计资料；在研究内容二至四中，使用实地调查数据。

官方统计资料有《中国统计年鉴》、《江苏统计年鉴》和农村固定观察点编制的《全国农村社会经济典型调查数据汇编（1986～1999）》《全国农村固定观察点调查数据汇编（2000～2009）》。分析中国和江苏种植业调整与劳动力转移趋势时，使用统计年鉴数据。分析中国农地流转基本趋势时，使用农村固定观察点数据。

实地调查数据是笔者专门为本研究组织的农村入户调查。农村入户调查在 2011 年下半年进行。调查以入户访谈及填写调查问卷的形式收集农户家庭成员基本特征、农地及其经营情况、家庭工商业经营情况、家庭劳动力就业情况、家庭收入支出情况等方面的信息。农户调查数据主要用于描述农户基本情况和研究内容二至四中的实证检验。

四　技术路线与结构

（一）技术路线

根据研究目标和研究内容，研究遵循图1－1所示的技术路线逐步展开。

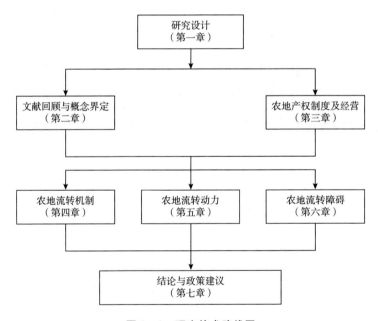

图1－1　研究技术路线图

（二）结构

本书一共七章。各章的主要内容安排如下。

第一章是导论。首先提出将要研究的问题，阐述选题背景和研究意义，制定研究目标；然后根据研究问题和研究目标界定研究内容，介绍研究使用的方法、数据和遵循的技术路线；最后介绍各章主要内容，分析研究可能的创新和存在的不足。

第二章是文献回顾与概念界定。首先介绍研究借鉴的基础理论，提出本书的理论方法；然后从产权、动力、障碍、合约、效应和对策几个方面回顾以往学者对农地流转的研究结果，提出研究思路；最后对本书使用的核心概念农地流转、种植业调整和劳动力转移进行界定，阐明它们的内涵和外延。

第三章是农地产权制度及经营。首先从所有权、使用权、收益权和处置权四个角度回顾了改革开放以来中国农地制度的演变，然后分别描述了中国和江苏省种植业调整、劳动力转移和农地流转的基本趋势，最后利用农户调查数据分析农户农地经营情况。

第四章是农地流转机制。本章旨在通过农地流转合约考察，从流转途径判断农地市场运行效率。研究结果表明，在农地流转中，农户会根据交易者和农地用途的不同选择合适的农地流转方式。要选择符合降低交易费用和规避交易风险要求的农地流转合约。此外，研究还发现村集体参与农地流转能够降低交易费用和规避风险，但村集体主导农地流转会对农户自主经营农地和农地收益产生负面影响。

第五章是农地流转动力。本章旨在通过对农地流转行为的分析，从农地流转方向判断农地市场是否有效。研究首先利用两农户市场模型分析种植业调整和劳动力转移对农户农地流转的影响，提出研究假说；然后利用二元 probit 模型和 tobit 模型分析农户调查数据，通过比较参与农地流转农户和其他农户的情况检验假说，结果表明，农户之间的农地流转符合种植业调整和劳动力转移对资源有效配置的要求。农地市场能够根据农业部门产品市场和要素市场变化，促进农地在不同生产者之间流动。

第六章是农地流转障碍。本章旨在通过对农地租金分布的考察，从程度上判断农地市场能否实现农地资源的有效配置，如果不能，分析阻碍农地流转的障碍。本章的研究结果表明，参与流转农地的租金趋向分离，农地流转呈现"租金分层"现象，农地流转没有完全实现资源有效配置。"租金分层"现象的根源是农地细碎化和农地买卖市场缺乏。

第七章是结论与政策建议。本章对研究得出的结论做全面总结和细致阐述，回答第一章中提出的问题，并根据研究结论提出政策建议。

五　创新点与可能存在的不足

（一）创新点

本书研究的是农地市场效率问题。与同类研究相比，本书可能在以下方面有所创新。

一是研究视角创新。研究首先从种植业调整和劳动力转移两个方面出发，分析工业化进程中农业部门产品市场和要素市场变化对农地流转的要求，然后从农地流转机制、动力和障碍考察农地市场对市场变化的反应，判断农地市场配置农地资源的效率，发现农地流转的障碍。从农地流转的动因来看，以往研究主要关注要素市场变化（劳动力转移）对农地流转的影响，而对产品市场变化（种植业调整）对土地流转影响的考察还比较缺乏。从农地流转效率来看，以往研究主要关注农地流转方向，对农地流转程度和过程的考察不足。

二是研究方法创新。在农地流转障碍的研究中，笔者使用逆向思维分析方法。首先考察农地租金的分布，发现农地市场并未完全实现资源有效配置，农地流转呈现"租金分层"现象；然后再通过分析"租金分层"现象根源，探求农地流转障碍。现有研究主要采用比较面积大小不同的地块参与流转可能性高低的方法，分析农地细碎化对农地流转的影响。笔者则采取先结果、后原因的逆向思维分析方法。

（二）可能存在的不足

受笔者研究水平和时间精力所限，本研究可能在以下方面存在不足。

一是研究没有关注间接影响。种植业调整、劳动力转移除了对农地流转有直接影响外，还存在间接影响。比如，劳动力转移除了直接导致农户经营农地机会成本提高，促进农地供给外，还会引起地区农业机械作业需求的增加，促进农业机械化，而农业机械化水平的提高可能会影响农户的农地流转行为。种植业调整也存在类似的情况。但在本书中，笔者仅分析了种植业调整和劳动力转移对农地流转行为的直接影响，并未分析间接影响。

二是研究没有关注农业劳动力市场。在现实中，农业劳动力市场和农地市场同时存在，两者之间可能同时存在替代和互补关系。以往研究认为农业劳动力雇佣的交易费用较高，在分析农地交易时一般假定劳动力雇佣市场不存在，本书的研究沿袭了这种分析方法。

第二章　文献回顾与概念界定

一　基础理论借鉴

（一）农户模型

在不发达的经济体中，农户是重要的经济组织。农户的生产和消费处于半自己和半商业化阶段。农户的生产、消费和就业，除了受自身需求约束，受自身资源禀赋限制外，还受社会经济环境变化和政府政策干预的影响。农户的生产、消费和就业之间相互影响，互为因果。在实际研究中，经济学家利用农户模型来分析农户行为。最早的农户模型由苏联经济学家恰亚诺夫（А. В. Чаянов）提出，用于分析俄罗斯农民在工作与休闲之间的时间分配行为。模型假设：农户仅面对完全竞争的农产品市场，而不存在劳动力市场。农户劳动力配置的均衡条件是消费的边际效用等于休闲的边际效用。后续研究在此基础上不断发展了农户模型。农户效用函数的假设逐渐放松，对农户家庭内部成员之间经济行为的研究逐步深入。加里·贝克尔（Gary Becker，1965）在恰亚诺夫理论的基础上创建了新农户模型。模型假设：农户在收入、生产函数和时间的约束下，追求其效用最大化，并通过数学方法分析认为，农户实际上可把生产决策同消费决策分开，先决定最优生产问题，然后在收入极大化的前提下再决定最优消费，即所谓的可分性。

继贝克尔以后，研究使用的农户模型根据农户生产和消费决策是否可分，分为可分性农户模型（Lau，Lin and Yotopoulos，1978；Kuroda and Yotopoulos，1980；Adulavidhaya，Kuroda，Lau and Yotopoulos，1984；Barnum and Squire，1979，1980）和不可分性农户模型（Iqbal，1986；Rozelle，Taylor and deBrauw，1999；deBrauw，Taylor and Rozelle，2002），也有研究对农户生产和消费的可分性进行检验（Benjamin，1992；Pitt and Rosenzweig，1986；Jacoby，1993）。Barnum 和 Squire（1979）将新家政学概念引入农户模型，在农户模型中加入农户自己生产消费品，并修改了恰亚诺夫农户模型中不存在劳动力市场的假定；Iqbal（1986）在农户决策中引入了借贷、储蓄和投资等变量，将农户模型扩展成包含两个生产周期的系统，将农户模型由静态分析发展为动态分析；Pitt 和 Rosenzweig（1986）将农户模型进一步扩展，引入了价格、健康和农户利润关系函数与健康生产函数。

基于共同效用函数的假定不断受到来自理论和事实两方面的挑战。20 世纪 80 年代以来，经济学家将博弈理论引入农户家庭内部决策，开创了农户家庭成员具有不同效用函数的集体模型。整体上，农户模型的发展可分为单一模型阶段和集体模型阶段（都阳，2001）。单一模型和集体模型的区别在于单一模型假定农户家庭成员具有共同效用函数，而集体模型假定农户家庭成员各自具有不同的效用函数。本书主要借鉴单一模型，因此对集体模型不做回顾。

本书使用的农户模型是由 Yao（2000）、Carter 和 Yao（2002）、

Deininger 和 Jin（2005），Deininger 和 Jin（2007）、Feng 和 Heerink（2008）等发展和完善的农户模型。该农户模型假设农户经济行为追求共同效用，农户的生产和消费具有可分性。和一般农户模型相比，该模型具有两个明显的不同：一是农户模型引入了新制度经济学中交易费用的概念。模型假设农户的土地租赁有交易费用，且交易费用在两个交易者之间平均分摊。土地租入者支付的实际地租高于名义地租，土地租出者获得的实际地租低于名义地租。与完全市场相比，交易费用的存在减少了交易量，扩大了农户之间土地边际产值的差距。土地产权的保障和交易自由度的提高可以降低交易费用，完善土地租赁市场；二是农户模型假设不存在农业劳动力市场，农户只能在自有土地或非农就业市场配置劳动力。

（二）市场模型

图 2 - 1 是市场的供给曲线和需求曲线。图中向下倾斜的是需求曲线 D，向上倾斜的是供给曲线 S。价格为 P_e 时，生产者愿意提供和消费者愿意购买的商品数量刚好相同，都为 Q_e，市场实现均衡。价格为 P_1 时，生产者愿意提供的产品数量大于消费者愿意购买的数量，供给大于需求。价格为 P_2 时，生产者愿意提供的产品数量小于消费者愿意购买的数量，需求大于供给。市场某一时刻的供给和需求都与价格相关。因此，供给大于需求或者需求大于供给都是基于某一价格的判断。之所以会出现供给大于需求或需求大于供给的市场不均衡，是因为消费者的需求会发生变化，而生产者的供给调节需要一定的周期。著名的蛛网模型研究的就是需求和供给之间这类变动。

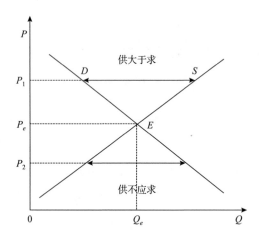

图 2-1   供给曲线和需求曲线

需要特别指出的是，影响供给和需求变动的因素可能相同也可能不同。在供给与需求变动的分析中，一般假定：影响供给和需求的因素不同，即分别考虑需求变动和供给变动，很少对供给和需求同时变动的情况进行考虑。但在农地市场上，如果不考虑同时影响供给和需求的因素，则有可能犯下致命的错误。在一般的市场分析中，供给者是厂商，其考虑的是如何确定生产规模实现边际收益和边际成本相等，实现利润最大化；需求者是消费者，其考虑的是如何在预算约束下实现效用最大化。因此，市场的供给与需求可以分开考虑。但在农地市场上，土地的转入者和转出者都是生产者，都是把土地当作一种生产资料用于自己的农业经营。无论是转入者还是转出者考虑的都是利润最大化，决定其转入或转出的是土地的使用效率。因此，农地流转市场上存在很多因素既能影响供给，又能影响需求。这一点可从图 2-2 的分析中得出。

假设在某地的土地经营权交易市场上只有两农户。两农户共有土地 Q 亩，土地的初始分配为农户甲 Q_0 亩，农户乙 $Q-Q_0$ 亩。农

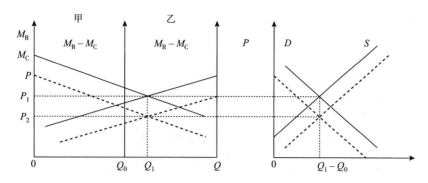

图 2 - 2　农业经营与农地流转市场的供给和需求

户甲和农户乙都在土地上种植小麦。在 T_1 时农户甲和农户乙的边际利润曲线相交于点 (P_1, Q_1)。则该土地的经营权交易价格为 P_1，交易量为 $Q_1 - Q_0$，土地经营权由农户乙向农户甲流转。

到 T_2 时小麦价格下降，农户甲和乙的边际利润曲线下降，并且下降幅度相同。新的边际利润曲线相交于点 (P_2, Q_1)。土地经营权的交易量依旧是 $Q_1 - Q_0$，但交易价格下降到 P_2。即小麦价格下降会导致农地使用权的价格下降，但对农地使用权的交易数量没有影响。反映在供给与需求曲线上就是供给扩大但需求减少，交易价格下降，整个市场交易量不变。

除了价格外，能同时影响供给与需求，但对流转量没有影响的因素还很多。比如，对农户甲与乙同时给予生产补贴，农户甲与乙同时采用了某项新技术、对种植结构做相同调整等都能同时影响供给和需求，但对交易量却没有影响。

供给者和需求者都是利用土地进行农业生产，很多因素能同时影响供给和需求。因此在具体的政策运用中要注意分辨哪些因素只能影响供给或需求，哪些因素既能影响供给又能影响需求。如果分析不足，提出的政策就会产生一些不良反应，或者会扩大需求但供给减少，或者会扩大供给但需求减少，都达不到促进土地流转的目的。

（三）合约理论

合约理论认为合约的存在与选择，都是在一定的局限条件下有效使用资源的结果。市场价格机制则是减少租值消散最为合适的方式。价格机制以外的任何方式都会造成大于机制运行下的租值消散。因为，任何经济资源都是稀缺的，当两个或更多个人都想获得更多的同一商品时，竞争就会发生。任何社会都存在竞争，有竞争必定有胜负，要判定胜负一定要有竞争规则。如果说竞争是在没有规则的情况下进行，那么商品的价值就会烟消云散，这就是著名的"租值消散"定律。因此，从租值消散的角度看，如果促进经济增长或提高人民生活水平，就必须减少在竞争情况下的资源浪费，对竞争的冲突用不同的方式来解决，或是把浪费资源的竞争改变为增加生产值的竞争。而要做到这一点，社会就要制定竞争规则来约束人们的行为。这些竞争规则就是约束人们行为的产权制度（张五常，2002）。约束人们行为的规则一般可以分为三类：以规制来限制财产的使用；以"人"本身为界定权利的单位或以等级来分配权利；以资源或物质本身作为界定权利的单位。物质或资源的衡量标准又是以市场价格机制为基础的。在所有的规则中，只有以市场价格决定竞争的胜负才会使经济浪费最少或租值消散最小。市场价格标准是减少租值消散的最有效方式。但是市场价格的运作并非无成本，要决定产品的定价，交易费用的产生不可避免。交易费用的存在同样是一种租值消散现象（Coase，1937）。科斯认为，为了减少租值消散，人们以企业组织代替市场价格机制。但张五常认为，企业的出现并非交易从市场中退出，而是一种交易方式代替另一种交易方式，一种合约形式代替另一种合约形式。不同合约安排的本质就在于如何在局限条件下把租值消散最小化。

根据科斯定理（Coase，1960），在零交易费用的世界里，无论生产与交易做如何安排，资源配置的效率都是相同的。但是在现实世界中交易费用无所不在。正因为交易费用的存在，人们要选择不同的合约安排来减少其经济运行中的交易费用，实现自己的效用最大化。因此，不同的合约安排是在约束条件下减少交易费用的选择。张五常则认为，广义交易成本包括了所有的鲁宾逊一人经济以外所能想象的成本。而在一人经济里，不论产权与交易，还是任何类型的经济组织都是不存在的。根据这个定义，交易成本可以包括信息成本、谈判成本、签订和实施合约的成本、界定和保障产权的成本、实施产权的成本、监督成本和改变制度等一系列的制度成本。

所谓合约就是当事人在自愿的情况下的某些承诺。它是交易过程中的产权流转的形式。合约的形成是通过不同的资源的流转或组合来实现资源的有效配置的。而合约要达到实现资源优化配置的目的就是以不同的合约安排选择来减少或降低资源运行中的交易费用（张五常，1969）。因为，不同的合约安排会产生不同的交易费用。交易费用之所以不同，是因为交易与生产的情况不同和制度安排不同，以及不同的合约规则所付出的执行与谈判努力不同。正因为存在着这样的差异性，如果资产或权利能够自由转让和自由选择会使在市场竞争中的人绞尽脑汁千方百计地用各种不同的合约安排来组合资产，鼓励生产，监督行为或实行承诺，从而使交易费用下降。

在现实经济生活中由于人们所掌握的信息通常是不完全和不对称的，人们要获得完全的信息几乎是不可能的，即使可能，成本也会非常昂贵。因此，合约的当事人通常会根据各自所掌握的信息或按双方的实际情况来选择适合自己的合约条款或在局限条件下签订对己有利的合约。如果合约安排是不可自由选择的，合约的当事人又处于不完全信息的情况下，这不仅会增加当事人搜集信息的成本，也会由于当事人各方的机会主义行为增加合约谈判和合约执行的成本，在这种情况下，合约安排的成本肯定是巨大的。如果合约安排可以选择，合约当事人就会在自己所掌握的信息约束下选择对己有利的合约，以此降低交易费用。当然，从市场价格机制的角度看，由于交易费用的存在，产品的市场价格往往难以确定，或者没有市场价格可言。在这种情况下，资本市场就会因为减少产品市场的交易费用而产生，以此来补充产品市场的不足。这时，人们就会利用自由选择合约安排的形式来减少交易费用，但是当事人一旦由产品市场进入资本市场或要素市场，监督费用又可能增加。

合约的监督费用同样是一种交易费用，错误的合约协议与监督合约的困难，会导致惊人的浪费。因此，为了避免庞大的交易费用，那些在协议上及监督上大有困难的租赁合约很少出现。为了减少其交易费用，人们往往不会选择监督困难的合约，而是选择用其他合约来代替，以便减少交易费用。

二 以往文献综述

本节将对以往关于农地流转的文献进行综述，以期进一步阐明选题意义和研究思路，为后续内容的展开做铺垫。

（一）产权与农地流转

中国农村土地制度是家庭联产承包责任制。这一制度的基本产权架构是集体所有家庭经营。家庭联产承包责任制是在国家对农村社会经济活动集中控制的弱化和农村社区与农民个人所有权的成长中逐渐形成的（周其仁，1995）。土地法律权属划分不清，土地承包关系不稳定，而且在村庄层面上各地区的土地承包政策存在很大差异（Krusekopf，2002）。多数农民对农村土地所有权归属认识模糊（杨学成、赵瑞莹、岳书铭，2008）。有调查（徐旭等，2002）显示，农户对所承包土地所有权主体的认知并不统一：22.8%的样本农户认为承包土地的所有权属于个人（家庭），48.7%的农户认为承包土地归集体所有，26.7%的农户认为承包土地的所有权归国家所有。农民对农村土地权属认同的非集体化倾向是农村土地权属法律界定的模糊化与实践操作的国家意志化导致的（史清华、卓建伟，2009）。除了土地权属模糊外，中国农地的承包关系也不稳定。村集体常常会根据人口变动，在农户之间调整土地。杨学成等（2008）对山东农户调查的结果表明，第二轮土地承包以来，有近一半的村子做过土地调整。土地调整的最主要原因是人口变化，土地调整的决定权一半掌握在村干部手里。在国家规定"承包关系延长30年"后，虽然听说过这一政策的农民占96.2%，但有些农民只知道30年不变政策这句话，而对其真实含义并不大清楚。各省在落实30年不变政策的进度上存在较大差异。农民对"30年不变政策"能否在实践中得到真正的贯彻心存疑虑（杨学城等，2001）。也有学者指出，土地调整对土地承包经营权的影响不大。这是因为在土地调整中只有很少的地块发生变动（Kung，2000）。

虽然提高使用权强度将更进一步改善产权制度效率（激励效率、资源配置效率、约束效率和风险规避效率）（中国农村土地制度研究课题组，2006），但在目前情况下做出改进并不容易。当前中国农地制度在公平与效率之间存在两难。无论村集体是否对土地进行重新分配，村集体成员之间的社会冲突都很容易发生（Hui Wang，et al.，2011）。不同地区农民对产权改进的需求存在差异，在经济欠发达地区农户对农地收益权和使用权的需求较转让权强；在经济发达地区的农民则对农地转让权和使用权具有强偏好（陈志刚、曲福田，2003）。与以前关于家庭联产承包责任制的争论不同，目前土地产权的困难更加复杂，个人、村集体和国家的利益冲突更剧烈。摆脱这一困境需要对目前的现实和交易的实质进行研究，权衡各方利益，这使得农村土地产权的改革更加困难（Liu，et al.，1998）。

土地产权的流动性、稳定性以及农地收益权的完整性（钟太洋等，2005）和农民在长期实践观察中形成的土地权属认知对农地流转有着显著影响（晋洪涛，2011）。土地权属的模糊和承包关系的不稳定阻碍了中国土地市场的发育。商春荣、王冰（2004）的研究显示，产权主体不明、权利束残缺等造成土地使用权交易成本高昂，构成了农地流转的主要障碍。钱忠好（2002）指出，不完全的农地承包经营权降低了农户农地经营收益和农地交易价格，减弱了农户的农地需求和供给。村集体的土地调整，一方面把土地重新分配到土地资源较少的农户手中，代替了土地市场的作用（Deininger，Jin，2005；李果、黄季焜，2004；金松青，2004；叶剑平等，2005），一方面导致土地承包经营权不稳定，对农地流转产生了抑制（钱文荣，

2002；黎霆等，2009；贾生华等，2003）。有学者的研究显示，土地产权的稳定性是解释地区之间土地租赁差异的关键（Qian Foresst Zhang, et al., 2004；Bryan Lohmar, et al., 2001）。除此之外，中国的土地产权制度还对土地流转有间接的抑制作用。农村土地产权不完全、不稳定不仅会抑制土地流转，而且会抑制劳动力转移（Dennis Tao Yang, 1997；Mullan, Katrina et al., 2011；Hingo Kimura, et al., 2011），进而减少土地流转市场上的供给。但田传浩和贾生华（2004）的研究并不支持这一结论，他们认为土地调整虽然降低了农户对地权稳定性的预期，但是它促进了农村劳动力的外出流动，增加了农地使用权市场中的供给。

（二）农地流转之动力

以往学者从不同视角（动态与静态、宏观与微观）观察土地流转，分析土地流转动力。总体上，土地流转主要受两种动力推动：一是经济发展与要素流动（劳动力转移），二是农户之间的异质性。

随着经济发展，农村土地流转呈现出流转规模扩大化、流转主体多元化、流转范围广泛化和流转形式多样化的显著特点（王忠林、韩立民，2009）。在既定的农地制度框架下，农户农地流转行为的普及程度，以及行为过程中的理性化、契约化和组织化程度，都随着区域第二、第三产业的发展和农村商品经济的发展而提高（钟涨宝、汪萍，2003）。同一时期不同地区的比较也表明，经济发展推动土地流转。赵阳（2007）的研究表明，发达地区农地流转和集中的比例相对较高，而不发达地区则较低。包宗顺等（2009）利用第二次全国农业普查数据和政府部门农村土地流转统计资料，对江苏农村土地流转的区域差异、影响因素和现存问题进行了研究，结果表明：地区间经济发展水平存在巨大梯度差异，导致地区间农村土地流转规模、流转速度、流转方式、流转土地集聚程度和农户土地流转行为等方面都存在明显差异。也有研究着眼于劳动力和土地之间的关系，分析经济发展过程中劳动力转移对土地流转的推动。发现土地租赁市场的出现与非农就业加速同时发生，Kung（2002）研究了劳动市场对土地市场的影响，结论是：非农就业能促进土地市场的发育。后续学者的研究进一步证实了这一结论（Tu，Qin，et al.，2006；许恒周、郭玉燕，2011；谭丹、黄贤金，2007；陈美球等，2008；裴厦等，2011）。

微观视角的研究表明，异质性是农户之间土地交易的基础。现有研究从资源禀赋差异、生产效率差异和风险差异三方面分析农户异质性对土地交易的影响。初始分配和人口变动使农户的土地和劳动资源禀赋产生差异。通过土地市场，土地由家庭劳动力少或实现非农就业的农户向家庭劳动力资源丰富的农户流转（刘克春、苏为华，2006；刘克春、朱红根，2008；邹秀清，2008；Jin，Deininger，2009）。除了资源禀赋之外，农户在生产效率上的差异也会推动土地流转。史清华和贾生华（2002）以山西和浙江固定跟踪观察点农户资料为基础，对1986年到2000年两地农地要素流动情况进行分析后指出：农户家庭农地流转所遵循的原则是经济理性原则，提高农地利用效率是农户进行农地流转的根本动机。姚洋（Yao，2000）对浙江三个村庄的农户调查表明，农户生产异质性（Productive Heterogeneity）能促使发生更多的土地租赁。Wang 和 Yu（2011）利用浙江省1995~2002年的农户面板数据发现：参加土地租赁的农户的土地产出弹性、规模效应和技术效率较高，有较高的技术效率的农民愿意租入更多的土地。Feng 和 Heerink（2010）分析了江西东北部农户的水稻生产后发现，租入土地农户的生产率明显较高。刘涛等（2008）的研究表明，转出土地的农户的复种指数和平均土地综合产出率要低于没有转出土地的农户，而转入土地农户的平均土地综合产出率要高于没有转入土地的农户。也有学者从所面对的风险是否同质，分析农户土地流转行为。Ward 和 Shively（2011）利用中国 9 省从 1991 年到 2006 年的农户调查数据，研究各种潜在的异质性和同质性收入风险对农户劳动力转移和农地流转的影响。结果显示，异质性收入风险促进农户参与农地流转；同质性收入风险对农户参与土地流转没有影响。在面对异质性收入风险时，村庄内部的农地流转可以分散风险，平滑农户消费。

（三）农地流转之障碍

尽管农地流转在加快，但阻碍土地流转的因素依然存在。从现有文献看，抑制农地流转的障碍主要是制度政策不配套、市场不健全和农业现代化滞后。

农业政策不稳定、户籍制度对劳动力转移的限制和农民社会保障的薄弱是阻碍农地流转的制度因素。楼江（2011）的研究表明，农业政策的不稳定性制约农户土地流转。杨妙姝和谭华清（2010）指出在户籍制度等政策背景下，农民工劳动力市场的不完全性使得农民工不能长期没有工作而在城市生活，导致农地流转减少和流转租约的短期化。也有学者指出，农村社会保障制度严重滞后（严立冬、刘新勇，2008），现阶段农用地承载着巨大的社会压力（为农村居民提供最低生活保障和为农村劳动力提供就业）（胡瑞卿、张岳恒，2007；王兴稳、钟甫宁，2008；邓海峰、王希扬，2011；李跃，2010），具有不可替代性，是中国农地流转缓慢的根本障碍。

土地市场不健全导致农地流转缺乏中介，交易费用较高和交易效率低下。虽然，土地租赁对农户的福利和土地利用效率有正面影响，但很多农户受交易费用限制未能参加土地租赁，土地租赁市场的潜力没有完全发挥出来（Deininger，Jin，2007）。综合交易效率影响农地的流转，而交易效率往往涉及政策制度、基础设施和人力资本禀赋三个层面，它们相互作用后，最终形成农地流转综合交易效率，并影响农户选择耕种农地面积的行为（吴晨，2006）。罗必良和李尚蒲（2010）基于广东省入户调查数据的计量分析表明：（1）资产专用性对交易费用影响显著；（2）交易频率与交易费用正相关；（3）农户行为和政策的不确定性明显影响农地流转的交易费用。中介组织匮乏（李跃，2010），农民在农地流转上对政府和集体有较大的依赖性（钱文荣，2002），是造成农地流转速度滞后于社会经济发展的重要原因之一。

资本与人才相对匮乏，限制了农业产业化经营规模，是农地流转难以推行、农田大量抛荒的根本原因（刘初旺等，2008；张丁、万蕾，2007）。农地流转困难的根本原因是土地收益的增量有限和土地集中的需求不足，加速土地流转的关键，在于以规模农业为标志的现代农业生产方式转型，增加农地流转以提高土地收益的实际效率（乐章，2010）。现阶段农地承包经营权流转不足的经济原因主要是农地流转租金低，土地在转入方没有产生规模效应和结构效应，没有明显提高务农收入，无力支付高租金（傅晨、刘梦琴，2007）。农户之间土地租赁是实现农地流转、土地集中经营的现实途径。影响农户间土地租赁有效进行的制约因子是土地租赁的价格。政府在农业政策的设计上应当考虑土地集中经营问题，这是实现我国农业由小农经济走向现代农业经济的关键（卓建伟等，2005）。

除此之外，土地本身的自然特征也会影响农地流转。陈美球等（2008）对江西农户土地流转的研究表明，地形特征对耕地流出行为有明显影响。地形越平坦，土地越容易流转；耕地越破碎，越不易流转。

（四）农地流转之模式

研究者往往以模式划分的方式研究交易双方如何达成交易，实现农地流转。不同的研究目的，研究者会采用不同的划分标准。现有文献采用的划分标准主要有政府行为、组织方式和合约形式。

在地区比较的研究中，研究者根据政府行为的差异划分农地流转模式。于传岗（2011）和马育军等（2006）根据推动农地流转主体的差异把农地流转方式分为政府主导型、集体主导型和农户主导型，分析了各流转模式的流转路径、经济绩效和社会治理成本。王俊沣等（2011）根据政府支持的对象把农地流转模式分为政府扶持市场参与主体模式、政府扶持需求主体的模式和政府扶持流转中介模式，分析了三种模式中参与主体（农户、用地企业、农业经营大户、村委会和村集体经济组织）的行为。伍振军等的研究进一步把流转模式划分 M（流转市场基本完善，政府扶持市场参与主体）、M−（流转市场初步建立，政府扶持需求主体）、S＋（流转市场尚未建立，政府扶持流转中介）和 S（流转市场和政府职能缺失，自发流转）四种主要模式，并构建了交易费用函数，计算出四种模式中农户和用地主体的交易费用。董国礼等（2009）根据市场代理模式的不同，把农地流转模式分为私人代理、政府代理和市场代理模式，对各种模式下的土地代理绩效进行比较分析。

在村庄内部的研究中，研究者根据村集体是否在土地流转中发挥中介作用划分农地流转模式。李海伟（2005）把农地流转分为农民自发型流转和集体推动型流转两种类型，从交易费用、风险权衡和利益分配的角度进行综合分析，指出两种流转方式的出现并不偶然，两者也不能被简单定性为互补或者替换关系，在现有条件的约束下，双方的选择是理性的，也是最优的。邹伟和吴群（2006）则把农地流转分为农用地使用权由拥有者直接流转给受让者的"直流式"和农用地使用权由拥有者通过"中间人"流转给受让者的"间流式"流转。

采用组织方式为标准的研究把农地流转分为股田制、股份合作制、租凭、反租倒包、转包、转让、拍卖、互换和代耕模式。黄丽萍（2008）在调查中发现，在分散的流转中，租赁是主要的模式，其次是转包和互换模式；在连片流转中，租赁仍然是最主要的流转模式。收益的获得与流转形式密切相关，在股份合作的流转中，收益基本上采取"分红＋劳务收入"的方式；在租赁的流转中，基本采取固定租金的方式。关于模式之间的绩效，研究结论相差很多。岳意定、刘莉君（2010）运用网络层次分析法，评价租赁、反租倒包和股份合作制三种模式的经济绩效结果，发现股份合作制流转模式带来的经济绩效最佳。黄延廷（2010）则指出，相对于转让、转包和租赁等农地流转模式，反租倒包能产生较好的经济效益（黄延廷，2010）。杨德才（2005）比较了股田制、股份合作制、租赁、反租倒包、转包、转让、拍卖、互换和代耕等多种流转模式后指出，股田制能够较好地解决当前中国农村家庭承包经营制面临的突出问题，应作为中国目前最主要的农地流转形式。

根据是否采用书面合同，研究者把农地流转模式分为口头约定和书面合同两种方式。调查发现（黄丽萍，2008），在农户自发分散的流转中基本上只有口头约定，而连片流转时多使用规范的书面合同。对于口头约定，研究者的结论相互冲突。有学者（郭继，2011）认为由于乡土社会人情约束机制的现实存在，口头形式的农地流转合同的履约率较高，口头契约能够得到较好的实施或者履行（洪名勇，2009）；但也有学者认为农地流转的口头协议具有边界性且只能在短期发挥作用，限制了农地转让的发展（乔俊峰，2010）。随着农地流转市场的完善、参与主体的扩大、流转交易域的扩大，口头协议必然会走向规范化的合同约束（李霞、李万明，2011）。

（五）农地流转之效应

农地流转对土地分布、土地投资、农业生产和农户收入都产生了影响。

农地流转使土地向生产效率高的农户集中，土地在农户之间的分配更不平均（Wu，2006）。唐浩等（2011）利用农地流转前后的土地分配基尼系数测度了农地流转影响土地使用权分配的结果，研究显示农地流转促进了土地使用权的集中，但各区域之间存在差异。

农地流转对农户的土地投资行为产生影响，且农户土地的投资行为与其土地来源相关。郜亮亮和黄季焜（2011）利用2000年和2008年全国6省的农户调查数据，分析了农户有机肥投入行为。实证结果表明：农户在从非亲属转入的农地上的有机肥施用概率和施用量显著低于从亲属转入的农地。俞海等（2003）分析了6省180

个样本地块在 20 世纪 80 年代初期和 2000 年的土壤实验数据，结果表明农户之间流转的非正式农地容易造成农地土壤长期肥力的衰退，但对土壤的短期肥力无显著影响。郜亮亮等（2011）则指出农户在转入地上的有机肥施用概率和用量要比在自家地上的少，但随着农地租赁土地的稳定性提高，这种投资差异在缩小。

农地流转对农业生产的影响主要表现在两个方面。一是对农业生产内容的影响；二是对农业生产效率的影响。农地流转在很大程度上导致了土地利用类型的变化（张丽君等，2005）。流转前后农地的经营结构发生了较显著的变化，表现出"去粮化"趋势（黎霆等，2009；易小燕、陈印军，2010）。租入大面积土地能激励农户采用新技术，这改变了农业技术效率（Wang and Yu，2011）。贾生华等（2003）对江、浙、鲁 3 省 5 县 83 户农业经营大户的调查表明，大部分农业经营大户的土地绩效都比租赁前有所提高。土地租赁市场对土地生产率的提高和农业产出增加有正面影响（Deininger，Jin，2007；谢正磊等，2005；Bryan Lohmar, et al.，2001）。此外，农地流转对农户农产品的商品化有影响。农地流转率与农产品商品化率之间存在相关性：农地流转率每增加 1 个百分点，流出户的农产品商品化率将下降 1.992 个百分点，而流入户的农产品商品化率将增加 1.329 个百分点（涂军平、黄贤金，2007）。

农地流转能增加参与者的收入，增进交易双方的福利。曹建华等（2007）认为，通过农地流转，土地供给者和土地需求者的福利都得以提高。土地租赁市场对农户的福利有正面影响（Deininger，Jin，2007）。虽然如此，农地流转对农民收入差距的影响仍不确定。韩菡和钟甫宁（2011）对浙江和安徽两省进行对比分析后发现，在经济发达和土地单位收益高的地区，土地倾向于流转到高收入农户手中，可能会扩大当地农户的收入差距；在经济欠发达和土地单位收益低的地区，低收入农户更容易获得转入土地机会，当地的收入分配状况会得到改善。

除此之外，土地流转还会对农户其他行为和村庄治理产生影响。杨钢桥和勒艳艳（2010）对湖北省农户土地流转的研究表明，土地市场的活跃能导致农户生产决策和消费决策的分离。许恒周和金晶（2011）的研究则表明，农地流转市场发育对农民养老保障模式选择有影响。农地流转市场发育程度每提高一个单位，农民愿意选择社会养老保障方式的概率就增加38.2%。对于村庄而言，农地流转使农户家庭收入、劳动力流动、农村社会结构和社区公共需求等发生了变化，这些变化对村庄治理的内容、方向、目标乃至模式形成了一定的冲击（吴晓燕，2009）。

（六）农地流转之政策

对于农地流转，政府应该积极干预还是让市场自动运行？虽然现有文献多支持让市场自动运行，但也有研究支持政府积极干预农地流转。

支持政府干预土地流转的文献的主要依据是农地流转的交易费用较高和土地市场发育的阶段性。田传浩等（2005）从农地流转与土地细碎化的关系指出，农地市场可能是矫正耕地细碎化的一个工具。但由于存在较高的交易费用，农户自发交易耕地对耕地细碎化的影响可能不显著，村集体介入农地市场可能降低交易费用，促进土地集中和规模经营，从而降低耕地零碎化程度。赵德起和吴云勇（2011）则指出政府行为下农地使用权市场流转的一般路径：农民自发流转阶段→政府获利阶段→农民流转意识与能力培养阶段→农民流转能力提高阶段→流转市场潜能开发阶段。中国农地使用权流转正处于农民流转意识与能力培养阶段，政府补贴与最低限价政策可以较好地完善农地使用权流转市场，进而增加农民收入。

支持政府减少干预，让市场自动运行的主要依据是政府的干预导致产权的不稳定和市场配置资源比政府行为更有效率。周海灯（2010）从交易者合约选择的角度指出，任何一种合约形成都是自由选择的结果，所以保护和界定土地产权，减少政府过分干预应该成为当前农地流转的重要思路。唐浩等（2011）则指出基层政府需要抑制自己调整土地的冲动，同时在一定程度上认同、支持和监督村组内部的土地调整。谢正磊等（2005）则从稳定产权的角度指出应该规范政府行为，减少政府行为对农村土地流转的不正当干预，确保农村土地所有权和承包权稳定。Deininger 和 Jin（2005）比较土地租赁市场和土地调整后发现土地租赁市场和土地调整都能把土地重新分配到土地资源少的农户手中，但土地租赁市场更有效率，政府应该减少土地调整。在土地流转过程中，政府的重要任务是帮助市场机制趋于完善，而不应该以市场发育不完全为借口来随意扩大政府干预市场的权利范围（李霄，2003）。政府在介入农地流转时，也必须掌握合理的度，目前主要在宣传发动、建立农地流转信息网络、农地分等定级和价格评估、土地整理、对外招商等方面发挥重要作用（钱文荣，2003）。

也有研究针对农地流转所产生的影响提出政策建议。冯锋等（2009）指出土地流转使土地的经营权的所有者和经营者发生了分离，为了兼顾公平和效率，农业补贴应采用按实际播种面积进行二次补贴。

（七） 以往文献之评述

综上所述，以往学者对农地流转的研究结论可以概括为以下五个方面：（1）农地所有权模糊和农地使用权不稳定影响农地流转，阻碍了农地市场发育；（2）随着经济发展，农村土地流转呈现出流转规模扩大化、流转主体多元化、流转范围广泛化、流转形式多样化的显著特点；（3）异质性是农户农地流转的基础；（4）农业政策不稳定、户籍制度限制劳动力转移和农民社会保障薄弱阻碍农地流转；（5）农地流转对农地分布、土地投资、农业生产和农户收入等方面产生了影响。

现有文献的不足主要表现在三个方面：（1）虽然有研究表明农地流转受到经济发展的影响，但经济发展对农地流转的作用机制尚未清晰阐明；（2）虽然有研究关注农地流转的交易费用和农地流转合约，但对农地流转合约与交易费用的关系重视不足；（3）政府在农地流转中应该扮演的角色有待进一步定位。

三　基本概念界定

为了后续行文方便，也为了避免语义不清引起不必要的争论，下面对文中涉及的基本概念进行界定，明确它们的内涵和外延。

（一） 农地流转

农地一词经常被当作农业用地或农村土地的简称广泛使用。本书所使用的农地一词虽然与这两个词意义非常接近，但并不完全相同。农业有狭义和广义之分，狭义的农业指种植业，广义的农业除了种植业外还包括林业、畜牧业、渔业和副业。与之对应，农业用地也有狭义和广义之分，狭义的农地仅指耕地，而广义的农地包括耕地、园地、草地、林地和水面。《中华人民共和国农村土地承包法》规定："农村土地，是指农民集体所有和国家所有依法由农民集体使用的耕地、林地、草地，以及其他依法用于农业的土地"。本书使用的农地是指农民集体所有、农户承包经营、用于农业生产的耕地和园地。从法律权属角度看，本书所指的农地不包括国家所有，或集体所有与集体经营的农地。从农业生产角度看，本书所指的农地不包括林地、草地和水面。

农地流转是指农户将一定时期的农地经营权（使用权）出让给其他农户或经济组织的一种经济现象或行为。农地流转后，不改变出让方与集体的承包关系，不改变土地的农业用途。本书所使用农地流转概念的外延比《中华人民共和国农村土地承包法》和其他相关法规使用的"土地承包经营权流转"的外延要小，区别主要在于本书所使用的"农地流转"不包括"转让"形式的土地流转。2005年3月实施的《农村土地承包经营权流转管理办法》第六章第三十五条规定："转让是指承包方有稳定非农职业或者有稳定的收入来源的，经承包方申请和发包方同意，可以将全部或者部分土地承包经营权让渡给其他从事农业生产经营的农户，由其履行相应土地承包合同的权利和义务。转让后原土地承包关系立即终止，原承包方承包期内的土地承包经营权部分或全部灭失。"本书中农地流转概念的外延也不包括改变土地农业用途的"农地城市流转"（张安录，1999；崔新蕾、张安录，2011）。

（二）种植业调整

种植业是指栽培农作物以取得产品的生产部门，是农业的重要组成部分。如不特别说明，种植业调整至少可以包括六个方面的内容（白石，2009）。

一是目标调整。种植目标，从单一增产的单一目标调整为增效、增收、保证供给、提高质量、保护环境和资源的复合目标。

二是时间空间调整。具体来说，就是根据市场需求变化，结合当地自然资源，发展时差和错季栽培。

三是整体布局调整。从全局利益出发，根据比较优势的原则，以利益最大化来指导合理布局，既要发挥规模效益，形成规模，搞出特色，又要防止畸形发展，片面雷同。

四是生产技术调整。在推广常规技术、单项技术、增产技术的同时，大力推广增值、降耗、增效技术，节地、节物、节能、节水、节劳技术，高新技术，配套集成技术以及提质技术，开展一次新的农业技术革命，推进种植业的现代化发展。

五是种植作物调整。要满足市场和社会的多方位、多样化、多层次的需要，就需要改变作物单一化、趋同化的结构，实现作物种类多元化、个性化、特色化，并进一步形成基地化生产。

六是指导政策调整。这一调整旨在刺激生产，调动农民积极性，同时刺激流通、转化、加工的发展，调动农民、科技人员在生产、流通、营销、加工等方面的劳动积极性，并为各个环节提供政策支持和服务。

本书中种植业调整指种植作物的调整，而且主要指种植作物由粮食、棉花、油料作物向蔬菜、瓜果、水果、花卉和苗木的调整。

（三）劳动力转移

在经济学中劳动力是指能够被雇用的社会人群。在法制健全的国家,劳动者能够被合法雇用的年龄有严格的法律规定,一般规定允许工作的年龄下限,把所有有被雇用潜力的社会人群称为"劳动力"。通常称劳动力不能找到合适工作的状态为失业。根据世界银行的定义,劳动力是指"在劳动年龄范围内(15~64 岁)有劳动能力的人口,即已参加劳动或可能参加劳动的人"。《中华人民共和国劳动法》规定"十六岁进入劳动年龄,凡是进入这个年龄的有劳动能力的人口都属于劳动力;男职工六十岁,女职工五十五岁,女工人五十岁为退休年龄"。由于农民不存在退休这种概念,本书的劳动力指的是年龄在 16~60 岁、具有劳动能力、现在是或曾经是农村户口、目前在就业或待业的人群。

劳动力转移是劳动力资源重新配置过程,一般可分为两类:一类是地区转移,指劳动力从一个地区转移至另一地区;另一类是产业转移,指劳动力由农业向第二、第三产业转移。"劳动力地区转移,在大多数场合,是由于饥馑或当地劳动力供给过多而产生的压力引起的。……这里不需要有任何技术变化。这种转移只能认为是粗放化(Extensification),而不是生产的集约化(Intensification)。另一方面,劳动力自农业转入其他生产部门则不同,因为这种转移主要是由于某一种经济社会所发生的技术变化,或是由于其他生产部门,如工商业的扩张,引起了对劳动力需要的增加。这种意愿的劳动力转移,是一种职业或就业的变动,因此,可以引起,也可以不引起区域之间的劳动移民"(张培刚,1984)。本书使用的劳动力转移概念专指产业转移。

第三章　农地产权制度及经营

一　农地产权制度改革

农地的产权一般被分解为所有权、经营权、收益权和处置权，下面分别从这四种权属出发，分析改革开放以来中国农地产权制度的演变。

（一）所有权归属与认知

新中国成立后，中央政府立即在全国范围内开展土地改革。土地改革在地主和农民之间重新分配土地，实现了耕者有其田，并建立了农民土地所有制。然而，农民土地所有制持续的时间并不长。20世纪50年代初兴起的农业合作化运动很快引发了农村土地制度的巨变。通过合作化、集体化和人民公社化，中国农村进入了公有制时代。在人民公社下，"大部分土地的所有权、宏观管理权与较大比重的收益权属于国家，不完整的土地所有权、实际经营权、有限处分权与部分收益权合为一体属于集体，农民只享有被动的劳动权与部分的收益分享权"（冯继康，2005）。1978年农村改革开始，家庭联产承包责任制取代人民公社，成为农村基本经营制度。农村土地的所有权归属再一次发生改变。

在家庭联产承包责任制下，土地所有权既不属于农民，也不属于国家，而是属于农民集体。1982 年的中央一号文件《全国农村工作会议纪要》指出："有些人认为包干到户就是'土地还家'、平分集体财产、分田单干，这完全是一种误解。包干到户是建立在土地公有基础上，它不同于合作化以前的小私有的个体经济，而是社会主义农业经济的组成部分，随着生产力的发展，它将会逐步发展成更为完善的集体经济。"同年通过的《中华人民共和国宪法》第十条明确规定："农村和城市郊区的土地，除由法律规定属于国家所有的以外，属于集体所有；宅基地和自留地、自留山属于集体所有"。1986 年通过的《中华人民共和国土地管理法》第八条规定："农村和城市郊区的土地，除由法律规定属于国家所有的以外，属于农民集体所有；宅基地和自留地、自留山属于农民集体所有"。至此，农村土地所有权归属法律界定固定，没有再发生改变。从法律的实施过程来看，集体的范围可以是行政村或者是行政村内的集体经济组织和村民小组。2002 年通过的《中华人民共和国土地承包法》第十二条规定："农民集体所有的土地依法属于农民集体所有的，由村集体经济组织或者村民委员会发包；已经分别属于村内两个以上农村集体经济组织的农民集体所有的，由村内各该村集体经济组织或村民小组发包。"

虽然法律明确规定，农村和城市郊区的土地属于农民集体所有，但现实中农民自身对土地所有权归属的认知则以国家为主，即便认知为土地属于农民集体所有，对集体的认知也有模糊。龚启圣和刘守英（1982）的调查结果显示，46.5% 的农民认为土地的所有者是村集体，48.3% 的农民认为是国家，还有 2.5% 的农民认为是他们自己。钱忠好等（2007）对江西鹰潭市农民的调查发现，认为土地属国家所有的农民占 38.1%，村集体占 28.1%，农民占 25.0%，不清楚的占 6.3%，没有回答的占 2.5%。晋洪涛和史清华（2010）在河南的调查结果表明，在回答知道农村土地归谁所有的农户中，选择土地属于个人所有的占 11.7%，选择属于村民小组所有的占 9.5%，选择属于行政村所有的占 10.3%，选择属于县（乡）政府所有的占 3.4%，而选择属于国家所有的却高达 49.0%。陈小君等在 10 个省的调查发现，对于农村土地所有者受访农户中有 41.91% 选择国家，有 29.57% 选择村集体，有 3.56% 选择乡（镇）集体，有 6.23% 选择村小组，但也有 17.62% 选择个人（"农村土地问题立法研究"课题组，2010）。史清华和卓建伟（2009）对河南、湖北、山西、上海和云南等地的调查还发现，随着教育程度的提高，样本农民对农村土地属于国家所有的认同感呈显著上升趋势，对属于村民小组或行政村所有的认同感则呈明显下降趋势。村干部对农村土地属于国家所有的认同感显著高于普通农民，而对农村土地属于村民小组或行政村的认同感则明显低于普通农民。农民和村干部对农村土地所有权归属认知的模糊化和非集体化，是农村土地权属变迁的模糊化、法律权属界定的模糊化和现实操作国家意志的结果（史清华，卓建伟，2009；晋洪涛，史清华，2010）。

（二）经营权自主与延长

1978 年开始的农村改革，没有把土地的所有权归还给农户，只是把土地的经营权归还给农户，改土地集体统一经营为家庭独立经营，而且农户获得的经营权刚开始也是极其残缺的。

农户虽然重新获得了经营权，但必须按照国家规定的合同组织生产，不能自主选择生产内容。1982 年的中央一号文件《全国农村工作会议纪要》指出："粮棉油等产品仍须坚持统购统销的政策。实行派购的二类农副产品，要确定合理的收购基数；某些不便定基数的品种，也要确定合理的购留比例。基数以外的产品，有些仍由国家收购，有些按比例收购一部分，有些全部由社队和农民自行处理。城市郊区要鼓励农民多种蔬菜，原来的菜地不得任意改种，以保障和改善城市的蔬菜供应。要逐步推行合同制，通过合同把国家计划任务和农民的生产安排更好地协调起来。"

农户经营的自主性在后续的农产品市场化改革中得到了提高。1983 年中央一号文件《当前农村经济政策的若干问题》指出："对重要农副产品实行统购派购是完全必要的，但品种不宜过多。今后，对关系国计民生的少数重要农产品，继续实行统购派购；对农民完成统派购任务后的产品（包括粮食，不包括棉花）和非统购派购产品，应当允许多渠道经营。"1985 年的中央一号文件《党中央国务院关于进一步活跃农村经济的十项政策》取消了粮食和棉花统购，改为合同定购。1993 年《中共中央、国务院关于当前农业和农村经济发展的若干政策措施》指出："粮食统购统销体制已经结束，从明年起，国家定购的粮食全部实行'保量放价'，即保留定购数量，收购价格随行就市"。

经营权残缺的一方面是土地调整频繁，土地经营权的稳定性差。从 1984 年开始，国家开始提倡和规定土地承包经营权的年限，限制和禁止土地调整。1984 年的中央一号文件《中共中央关于一九八四年农村工作的通知》指出："土地承包期一般应在十五年以上。生产周期长的和开发性的项目，如果树、林木、荒山、荒地等，承包期应当更长一些。在延长承包期以前，群众有调整土地要求的，可以本着'大稳定，小调整'的原则，经过充分商量，由集体统一调整。"1993年《中共中央、国务院关于当前农业和农村经济发展的若干政策措施》要求："为了稳定土地承包关系，在原定的耕地承包期到期之后，再延长三十年不变。开垦荒地、营造林地、治沙改土等从事开发性生产的，承包期可以更长。为避免承包耕地的频繁变动，提倡在承包期内实行'增人不增地、减人不减地'的办法。"1997年《中共中央、国务院关于进一步稳定和完善农村土地承包关系的通知》指出："土地承包期再延长30年，指的是家庭土地承包经营的期限。集体土地实行家庭联产承包制度，是一项长期不变的政策。"1998年通过的《中华人民共和国土地管理法》规定："在土地承包经营期限内，对个别承包经营者之间承包的土地进行适当调整的，必须经村民会议三分之二以上成员或者三分之二以上村民代表的同意，并报乡（镇）人民政府和县级人民政府农业行政主管部门批准。"

经过多年实践和制度建设，农户土地经营权的自主性、长期性、稳定性逐步增强。

（三）收益权增强与扩大

在人民公社下，土地收益在国家、集体和农民之间分享，国家掌握着土地收益的分配。"三级所有，队为基础"是对这一收益分配格局的简要概括。家庭联产承包责任制取代人民公社，并没有从根本上动摇这一收益分配格局。在包干到户下（后来被称为家庭联产承包责任制），生产队将土地承包给农户，农户与生产队签订承包合同，农户按合同规定上缴国家税收、定购任务和集体提留，剩余产品完全归农户自己。这一收入分配格局被农民简要概括为：
"交够国家的，留足集体的，剩余都是自己的"。虽然提法不同，但
收益分配的实质却差别不大。土地收益依然在国家、集体和农民之
间分享，而且国家依然掌握着土地收益的分配。所不同的是，农户
可以通过独立经营，获得土地收益增加的部分。

土地收益分配格局的演变是在后续改革中逐渐实现的。1983年
到1986年中央继续以一号文件的形式肯定和推动改革。这其中与
土地收益分配有关的内容主要有：（1）政社分离；（2）改农产品
统购统派为国家定购；（3）缩小国家定购范围；（4）允许农产品
流通；（5）提高粮食收购价格。这一系列政策提高了农民土地收益
份额，但土地收益分配的主导权还是继续掌握在国家手里。国家通
过农业税、粮食差价、工农产品价格剪刀差等手段分享土地收益。
而且，20世纪80年代后期政府改革中心向城市转移，对农村公共
支出不足，农村交通、教育、卫生等的费用直接由农民承担，并最
终转嫁到土地上。从1999年开始，国家在安徽等地推行税费改革，
并于2003年在全国范围内推广，农民的土地收益分配才又趋于好
转。从2003年开始，中央政府启动了新一轮农村改革。在"多予、
少取、放活""工业反哺农业，城市支持农村"等方针下，农民的
土地收益权大幅改善。2006年中央政府宣布取消农业税，农民获得
的土地收益不断增加。

（四）处置权认可与增强

家庭联产承包责任制取代人民公社后的一段时期内，农户除了
按照合同规定生产外，对土地不具有任何的处置权。1982年中央一
号文件《全国农村工作会议纪要》规定："为了保证土地所有权和

经营权的协调与统一，社员承包的土地，必须依照合同规定，在集体统一计划安排下，从事生产。社员承包的土地，不准买卖，不准出租，不准转让，不准荒废，否则，集体有权收回；社员无力经营或转营他业时应退还集体。"

农户获得土地处置权始于 1984 年。1984 年中央一号文件《中共中央关于一九八四年农村工作的通知》指出："鼓励土地逐步向种田能手集中。社员在承包期内，因无力耕种或转营他业而要求不包或少包土地的，可以将土地交给集体统一安排，也可以经集体同意，由社员自找对象协商转包，但不能擅自改变向集体承包合同的内容。转包条件可以根据当地情况，由双方商定。在目前实行粮食统购统销制度的条件下，可以允许由转入户为转出户提供一定数量的平价口粮。"1993 年《中共中央、国务院关于当前农业和农村经济发展的若干政策措施》指出："在坚持土地集体所有和不改变土地用途的前提下，经发包方同意，允许土地的使用权依法有偿转让。"2002 年通过的《中华人民共和国农村土地承包法》第三十二条规定："通过家庭承包取得的土地承包经营权可以依法采取转包、出租、互换、转让或者其他方式流转"。

在农户土地处置权增强的同时，集体的土地收回权也受到了限制。《中华人民共和国农村土地承包法》第二十六条规定："承包期内，承包方全家迁入小城镇落户的，应当按照承包方的意愿，保留其土地承包经营权或者允许其依法进行土地承包经营权流转。承包期内，承包方交回承包地或者发包方依法收回承包地时，承包方对其在承包地上的投入而提高土地生产能力的，有权获得相应的补偿"。对于林地,《中华人民共和国农村土地承包法》第三十一条还规定:"林地承包的承包人死亡的,其继承人可以在其承包期内继续承包"。

综上所述,改革开放以来中国农地制度改革有四个趋势,一是农地所有权由国家所有向集体所有转变;二是农户农地使用权的稳定性和自主性不断增强;三是农户农地收益权逐渐扩大;四是农户农地处置权得到认可和保护。目前中国农地的基本产权结构是集体所有家庭经营。在这种制度下,虽然法律规定农地所有权属于村民集体,但没有规定农民集体作为所有权主体的构成要素和运行原则,没有明确产权代表和执行主体的界限和地位,没有解决农民集体所有与农民个人的利益关系(于建嵘,2009)。农民集体既不是自然人,也不是法人。农地所有权人的虚化使农地所有权无法自然地派生出使用权、收益权和处置权。农地使用权以集体发包、农户承包的方式产生,农地使用权再进一步派生出农户的农地收益权和处置权。这种产权制度安排,一方面使农户的农地使用权、收益权和处置权残缺;另一方面使国家和集体很容易侵害农户的使用权、收益权和处置权。为了防止村集体和村干部侵害农户的使用权、收益权和处置权,国家又进一步规定了使用权的产生方式和使用期限。这虽然增强了农户农地使用权的稳定性和自主性,但也进一步固化了农地的使用方式。

二 农地经营变化趋势

(一) 种植业调整

随着收入水平提高,消费者对食品的需求发生了改变。作为提供人类食品的重要部门，种植业生产结构在不断发生变化。

表 3 - 1 和表 3 - 2 展示的是 1990 ~ 2010 年中国城镇居民和农村居民家庭人均主要食品消费量情况。表中的四类食品，粮食、鲜菜（蔬菜）、食用植物油和鲜瓜果（瓜果及制品）均是种植业的重要产品。在过去的 20 年里中国居民对粮食和蔬菜需求量逐渐减少，而对食用植物油和鲜瓜果的需求量不断增加。1990 ~ 2010 年，中国城镇居民粮食和鲜菜的人均消费量分别由 130.72 公斤和 138.70 公斤下降到了 81.53 公斤和 116.11 公斤；而食用植物油的人均消费量分别由 6.40 公斤和 41.11 公斤增加到 8.84 公斤和 54.23 公斤。中国农村居民的粮食和蔬菜的人均消费量分别由 262.08 公斤和 134.00 公斤下降到 181.44 公斤和 93.28 公斤；食用植物油和瓜果及制品的人均消费量分别由 3.54 公斤和 5.89 公斤增加到了 5.52 公斤和 19.64 公斤。

表 3 - 1　1990 ~ 2010 年中国城镇居民家庭人均主要食品消费量

单位：公斤

年　　份	粮　　食	鲜　　菜	食用植物油	鲜瓜果
1990	130.72	138.70	6.40	41.11
1995	97.00	116.47	7.11	44.96
2000	82.31	114.74	8.16	57.48
2005	76.98	118.58	9.25	56.69
2006	75.92	117.56	9.38	60.17
2007	77.60	117.80	9.63	59.54
2008	—	123.15	10.27	54.48
2009	81.33	120.45	9.67	56.55
2010	81.53	116.11	8.84	54.23

数据来源：《中国统计年鉴》（1991 ~ 2011）。

表 3 - 2　1990~2010 年中国农村居民家庭人均主要食品消费量

单位：公斤

年　份	粮　食	蔬　菜	食用植物油	瓜果及制品
1990	262.08	134.00	3.54	5.89
1995	256.07	104.62	4.25	13.01
2000	250.23	106.74	5.45	18.31
2005	208.85	102.28	4.90	17.18
2006	205.62	100.53	4.72	19.09
2007	199.48	98.99	5.06	19.43
2008	199.07	99.72	5.36	19.37
2009	189.26	98.44	5.42	20.54
2010	181.44	93.28	5.52	19.64

数据来源：《中国统计年鉴》（1991~2011）。

1978~2010 年，中国主要农作物的播种面积由 1.50 亿公顷增加到 1.61 亿公顷，农作物的种植结构也发生了很大变化。种植业调整的整体趋势是减少粮食和棉花的播种面积，增加蔬菜、果园的播种面积。1978 年，中国种植业结构的基本格局是粮棉油。粮食、棉花和油料的播种面积分别为 1.21 亿公顷、0.048 亿公顷和 0.062 亿公顷。三大作物播种面积在主要农作物的播种面积中占到了 87.72%，仅粮食作物就占 80.34%。经过调整，中国种植业结构日趋合理。虽然粮食和棉花还是种植业的主要作物，但播种面积已大幅减少，油料、蔬菜和水果的播种面积日益增加。2010 年，中国粮食和棉花的播种面积分别为 1.10 亿公顷和 0.048 亿公顷，在主要农作物的播种面积中分别占 68.38% 和 3.02%，蔬菜、油料和水果的播种面积分别为 0.19 亿公顷、0.14 亿公顷和 0.12 亿公顷，在主要农作物的播种面积中分别占 11.82%、8.64% 和 7.18%（见图 3 - 1）。

虽然江苏省农作物播种面积在不断减少，与全国农作物播种面

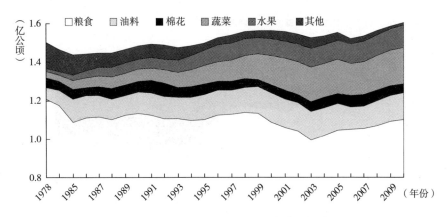

图 3 - 1　1978～2010 年中国主要农作物播种面积

数据来源:《中国统计年鉴》(1979～2011)。

积变动趋势并不一致,但江苏省种植业调整的整体趋势也是减少粮食和棉花的播种面积,增加蔬菜、水果和油料作物的播种面积。改革开放初期,江苏省种植业结构的基本格局也是粮棉油。如图 3 - 2 所示,1978 年江苏省粮食、棉花和油料三大类作物的播种面积分别为 631.09 万公顷、59.00 万公顷和 24.27 万公顷,在农作物播种面积中分别占 73.86%、6.90% 和 2.84%。经过 30 多年的调整,江苏省粮食和棉花的播种面积已经大幅减少,油料作物、其他作物(主要是瓜果、蔬菜等)播种面积大幅增加。2010 年,江苏省农作物播种面积为 761.96 万公顷,其中粮食作物播种面积为 528.24 万公顷(69.54%)、棉花播种面积为 23.57 万公顷(3.10%)、油料作物播种面积为 56.35 万公顷(7.42%)、其他作物播种面积为 151.25 万公顷(19.91%)。

　　虽然种植业调整的整体趋势是减少粮食和棉花的播种面积,增加蔬菜、水果和油料作物的播种面积,但粮食和棉花播种面积的减少和蔬菜、水果、油料作物播种面积的增加并非直线下降或上升,

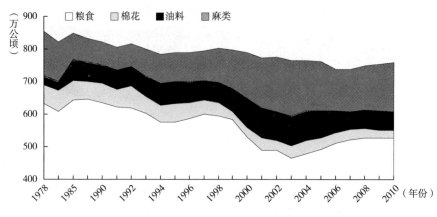

图 3 - 2   1978～2010 年江苏省主要农作物播种面积

数据来源:《江苏统计年鉴》(1979～2011)。

而是表现出明显的波浪式变动。政府干预农产品价格,发放农业补贴常常会导致种植业调整的徘徊与反弹。最近的一次种植业调整反弹发生在 2004 年,原因是政府对种粮农民进行直接补贴。1999 年开始,中国粮食播种面积不断减少,并在 2003 年降到了最低点。2003 年,中国粮食播种面积为 0.99 亿公顷,占总播种面积 1.52 亿公顷的 65.22%。为了扭转粮食播种面积的减少趋势,政府出台了粮食直补政策。在政府补贴刺激下,粮食播种面积迅速增加。2004 年,中国粮食播种面积为 1.02 亿公顷,与 2003 年相比增加了 0.03 亿公顷。这以后,粮食播种面积持续增加。2010 年,中国粮食播种面积增加到 1.10 亿公顷,占农作物播种面积的 68.40%。

2004 年,江苏省安排专项资金对水稻、小麦种植给予良种补贴和直接补贴,具体办法是水稻良种补贴每亩 15 元或 8 元(籼稻每亩良种补贴 15 元,粳稻每亩良种补贴 8 元),小麦良种补贴每亩 10 元,水稻直接补贴每亩 20 元。在以后的年份,补贴还有增加。粮食直接补贴和良种补贴调动了农民的积极性,粮食的播种面积迅速反弹。如图 3 - 2 所示，2003 年，江苏省的粮食播种面积降到了改革开放以来的历史最低点 465.95 万公顷，占农作物总播种面积的 60.99%。2004 年，江苏省的粮食播种面积开始增加，并在 2010 年达到了 528.24 万公顷，占农作物总播面的 69.54%，在 7 年的时间里增加了 8.50 个百分点。粮食播种面积的增加导致油料和其他作物播种面积的减少。2003 ~ 2010 年，江苏省油料作物的播种面积由 89.79 万公顷下降到 56.35 万公顷，在农作物总播面中所占比重由 11.75% 下降到 7.42%；其他作物的播种面积由 170.67 万公顷下降到 151.25 万公顷，所占比重由 22.34% 下降到 19.91%。

（二）劳动力转移

改革开放以来，中国农业劳动力快速向非农部门和城镇转移。1978 ~ 2010 年，中国从业人员非农部门就业比重由 29.48% 增加到 63.30%，就业结构变化率为 33.82%，平均每年增加 1.06 个百分点。尽管如此，中国农业劳动力转移并非一帆风顺，而是一波三折。根据周期性特征，可以把中国农业劳动力转移划分为四个阶段（程名望，2007）。第一阶段，1978 ~ 1982 年，改革开放使城乡隔离政策发生松动，为劳动力向城市转移提供了现实可能，但家庭联产承包责任制的改革，农产品价格的提高也吸引劳动力留在农村，劳动力转移持续时间较短，转移数量也不多。在这一阶段，共有 2600 万人实现转移，二、三产业就业比重由 29.48% 提高到 31.87%。第二阶段，1983 ~ 1989 年，国家颁布《关于农民进集镇落户问题的通知》，乡镇企业异军突起，中国迎来了改革以来的第一次"民工潮"。1983 ~ 1988 年共有 7600 万劳动力实现转移，劳动力二、三产业就业比重也提高到 40.65%。但 1989 年政治事件的发生，很快结束了中国第一次"民工潮"。第三阶段，1990～2002 年，中央政府果断处理了政治事件，国民经济迅速回归正轨，劳动力快速向二、三产业转移。这一阶段，共有 1.08 亿劳动力实现转移，劳动力二、三产业就业比重由 39.90% 增加到 50.00%。第四阶段，从 2003 年到现在，政府连续出台惠农、支农政策，保护农民工合法权益，启动了新一轮的劳动力快速转移政策。截至 2010 年底，在二、三产业就业的劳动力达 4.82 亿，比重达到 63.30%。

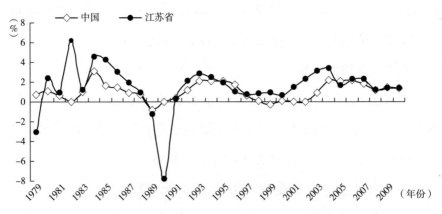

图 3 - 3 1979～2010 年中国和江苏省从业人员二、三产业就业比重变化率
数据来源：《中国统计年鉴》《江苏统计年鉴》（1980～2011）。

经过 30 多年的发展，中国劳动力的就业结构发生了根本性变化。如图 3 - 4 所示，1978 年中国共有 4.02 亿就业人口，其中第一产业就业的人口数量为 2.83 亿（70.53%）、第二产业就业的人口数量为 0.69 亿（17.30%）、第三产业就业的人口数量为 0.49 亿（12.18%）。2010 年，中国就业人口增加到 7.61 亿，其中第一产业就业的人口数量为 2.79 亿（36.70%）、第二产业就业的人口数量为 2.18 亿（28.70%）、第三产业就业的人口数量为 2.63 亿（34.60%）。随着经济发展，劳动力转移的方向也在发生变化。

1994 年以前，工业部门一直是吸收农业剩余劳动力最多的部门，农业劳动力主要向第二产业转移。1994 年，在第三产业就业的劳动力人口数量达到了 1.55 亿，首次超过第二产业部门的劳动力人口数量，比第二产业部门的 1.53 亿多 0.02 亿（0.03%）。1994 年以后，服务业已经超越工业，成为提供非农就业岗位最多的部门。

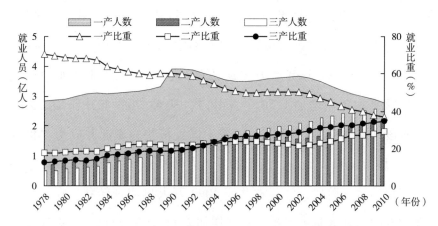

图 3 - 4　1978 ~ 2010 年中国从业人员三产就业情况

数据来源：《中国统计年鉴》（1979 ~ 2011）。

　　江苏省的劳动力转移速度比全国其他地区快。1978 ~ 2010 年，江苏从业人员二、三产业就业的比重平均每年增加 1.39 个百分点，高于全国的 1.06 个百分点。1978 年江苏省从业人员中在二、三产业就业的比重为 30.26%，仅比全国的 29.48% 高 0.78 个百分点。2010 年江苏在二、三产业就业的从业人员比重达到 77.70%，比全国的 63.30% 高出 14.40 个百分点。

　　除了受 1989 年政治事件影响有过反复外，江苏省劳动力转移一直保持较快增速。改革初期乡镇企业突起和世纪之交长三角经济起飞为江苏省劳动力转移提供了强大动力。根据劳动力流向，可以把江苏省 1978 年以来的劳动力转移分为三个阶段。第一阶段，

1978～1990 年，苏南乡镇企业异军突起，吸引大量农村劳动力由农民转为工人。这一阶段的劳动力转移被社会学家概括为"离土不离乡，进厂不进城。"1978～1990 年，江苏省共有 995.11 万劳动力实现转移，在二、三产业就业的从业人员比重平均每年增加 1.18 个百分点，从 30.26% 增加到 43.45%。第二阶段，1991～2000 年，外出打工现象出现，并逐渐成为劳动力转移的主要方式。90 年代末期乡镇企业走向衰落，劳动力转移的速度有所减缓。这一阶段，江苏省共有 659.89 万劳动力实现转移，在二、三产业就业的从业人员比重平均每年增加 1.50 个百分点，从 43.70% 上升到 57.20%。第三阶段，从 2001 年到现在，随着中国经济快速崛起并成为"世界工厂"，城市化步伐加快，江苏省劳动力转移进入了改革开放以来最快的时期。这一阶段，江苏省共有 1090 万人口实现转移，在二、三产业就业的从业人员比重平均每年增加 2.11 个百分点，从 58.70% 上升到 77.70%。经过 30 多年的转移，江苏省从业人员的就业结构发生了根本性改变。1978 年，江苏省共有从业人员有 2780 万，其中在第一产业就业人员有 1940 万，占 69.74%，在第二产业就业人员有 540 万，占 19.60%，在第三产业就业人员有 300 万，占 10.66%。2010 年，江苏省共有 4750 万从业人员，其中在第一产业就业的人员有 1060 万，占 22.30%，在第二产业就业人员有 2000 万，占 42.00%，在第三产业就业人员有 1700 万，占 35.70%（见图 3-5）。

劳动力转移不仅为二、三产业输送了大量劳动力，支撑经济持续增长，而且使农业劳动力大量减少，为农业规模经营创造了条件。由于中国人口增长迅速，农业劳动力一直在增加。1978～1991 年，中国农业劳动力人口数量由 2.83 亿增加到 3.91 亿，平均每年

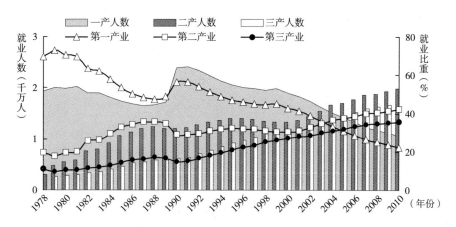

图 3 - 5　1978～2010 年江苏省从业人员三产就业情况

数据来源：《江苏统计年鉴》(1979～2011)。

增加人口 0.082 亿。直到 1992 年开始，中国农业劳动力的绝对数量才开始下降。到 2010 年，中国农业劳动力的绝对数量减少到 2.79 亿，基本与改革开放初期的农业劳动力数量相当。江苏省劳动力转移迅速，2010 年农业从业人员有 1060 万，仅是改革开放初期的一半。

（三）农地流转

·农村改革后，家庭联产承包责任制取代公社制度成为中国农村基本经营制度。在家庭联产承包责任制下，农村土地按照人口（或劳动力）平均分配给农户经营。平均分配和好坏（远近）搭配不仅造成每家每户经营的耕地规模狭小，而且产生了严重的土地细碎化问题。根据黄贤金等（2001）的调查数据，1984 年中国农户平均经营 8.4 亩、9.7 块耕地，耕地块均面积为 0.87 亩。土地细碎化减少了中国农地的有效面积（Zhang and Huang，1997），对农业生产率造成了负面影响（Wan and Cheng，2001）。

由于农业人口持续增加和工业化、城市化占用耕地，农户经营的耕地面积不断减少。根据农业部固定观察点的数据，1986～2009年中国农户经营的耕地由 9.20 亩/户、8.43 块/户下降到 7.12 亩/户、4.10 块/户。在 23 年的时间里，中国农户的平均耕地面积减少了 2.08 亩，耕地块数减少了 4.33 块（见图 3-6）。

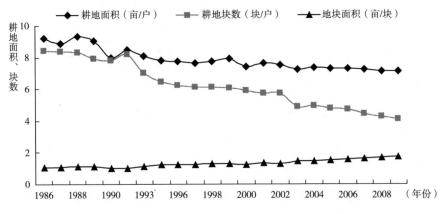

图 3-6　1986～2009 年中国农户经营的耕地面积与块数

数据来源：《全国农村社会经济典型调查汇编（1986～1999 年）》《全国农村固定观察点调查数据汇编（2000～2009 年）》。

尽管农户经营的耕地面积和数量在减少，但由于政府稳定承包合同，鼓励土地流转，土地细碎化问题却得到了缓解。1986 年中国农户经营耕地的块均面积是 1.09 亩，到 2009 年农户经营耕地的块均面积上升到 1.74 亩，23 年里耕地的块均面积增加了 59.63%。

家庭联产承包责任制实行后，农户间土地流转在各地陆续出现。政府在 1984 年的中央一号文件认可了农地流转，并"鼓励土地向种田能手集中"，在"不改变集体承包合同内容"前提下，允许"社员在承包期内，自找对象协商转包"。进入新千年后，农地流转出现加快发展的趋势。图 3-7 展示的是固定观察点 1995～2009 年村庄的农地流转情况。1995～2000 年，有转出耕地行为的农户比重仅增加了 1.05 个百分点，从 2.84% 增加到 3.89%，有转入耕地行为的农户比重增加了 0.53 个百分点，从 3.16% 上升到 3.69%。从参与流转的农地来看，1995~2000 年，流转出的耕地面积比重增加了 1.07 个百分点，从 1.58% 上升到 2.65%，流转入的耕地面积比重增加了 0.53 个百分点，从 1.31% 上升到 1.84%。2000 年后，农地流转的速度明显加快。2001~2009 年，有转出耕地行为的农户比重增加了 7.41 个百分点，从 4.11% 上升到 11.52%，有转入耕地行为的农户比重增加了 1.00 个百分点，从 3.51% 上升到 4.51%；流转出的耕地面积比重增加了 3.12 个百分点，从 2.40% 上升到 5.52%，流转入的耕地面积比重增加了 6.33 个百分点，从 2.24% 上升到 8.57%。进入新千年后，不仅农地流转速度加快，而且农地流转方向有集中的趋势。在 2000 年以前，村庄农户中有转出土地行为农户的比重和有转入土地行为农户的比重基本相当，但 2000 年以后村庄中有转出土地行为农户的比重增长远远快于有转入土地行为农户的比重。

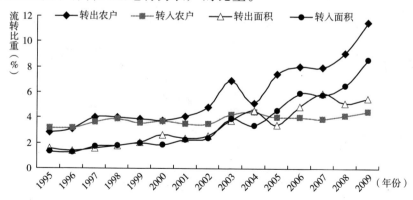

图 3-7　1995~2009 年村庄农地流转情况

数据来源：《全国农村社会经济典型调查汇编（1986~1999 年）》《全国农村固定观察点调查数据汇编（2000~2009 年）》。

　　与全国其他地区相比，江苏省的农地流转更活跃。包宗顺等（2009）利用农业普查数据进行计算，结果表明：2006 年江苏全省农地流转面积达 637.05 万亩，占第二轮承包土地面积的 12.63%（见表 3-3）。农地流转比例比同期的全国水平（固定观察点数据）5.92% 高 6.71 个百分点。根据笔者调查数据，2010 年江苏省 43.27% 农户转出农地，比 2009 年观察点转出农户比重 11.52% 高 31.75 个百分点。

　　从地区比较来看，发达地区农地流转比欠发达地区活跃。如图 3-8 所示，2009 年东部与中部地区农户农地流转比重分别为 16.52% 与 17.61%，分别比西部地区的 6.35% 高 10.17 个和 11.26 个百分点。从江苏内部来看，苏南地区的农地流转比例最高，其次是苏中地区，苏北地区最低。2007 年，苏南地区农地流转面积为 302.42 万亩，占承包土地面积的 30.95%；苏中地区农地流转面积为 189.10 万亩，占承包土地面积的 15.32%；苏北农地流转面积为 245.22 万亩，占承包土地面积的 8.66%（见表 3-3）。

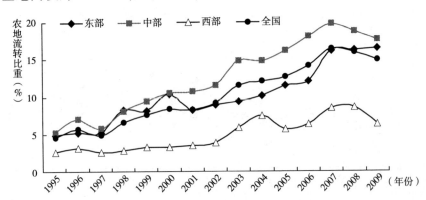

图 3-8　1995~2009 年东、中、西部农户农地流转

数据来源：《全国农村社会经济典型调查汇编（1986~1999 年）》《全国农村固定观察点调查数据汇编（2000~2009 年）》。

表 3-3　江苏省农地流转面积与比例

单位：亩,%

	2006 年		2007 年	
	面　积	比　例	面　积	比　例
苏　南	268.30	27.44	302.42	30.95
苏　中	161.45	13.07	189.10	15.32
苏　北	207.30	7.32	245.22	8.66
全　省	637.05	12.63	736.74	14.61

数据来源：（包宗顺等，2009）。

　　转包和出租是农地流转的主要方式。2007 年，江苏省以转包方式流转的农地面积为 350.50 万亩，占总农地流转面积的 47.58%；以出租方式流转的农地面积为 259.00 万亩，占总农地流转面积的 35.15%；以其他方式流转的农地面积为 127.24 万亩，占总农地流转面积的 17.27%（见表 3-4）。

表 3-4　2007 年江苏省农地流转方式

单位：万亩,%

	转　包		出　租		其　他	
	面　积	比　例	面　积	比　例	面　积	比　例
苏　南	131.90	43.61	132.70	43.88	37.82	12.51
苏　中	79.02	41.79	63.65	33.66	46.43	24.55
苏　北	139.50	56.89	62.64	25.54	43.08	17.57
全　省	350.50	47.58	259.00	35.15	127.24	17.27

数据来源：（包宗顺等，2009）。

　　从农地流转期限来看，绝大部分农地都是长期流转。2007 年江苏省流转期限 1~5 年的农地面积为 364.28 万亩，占总农地流转面积的 49.44%；流转期限 6~10 年的农地面积为 172.45 万亩，占总农地流转面积的 23.41%；流转期限 11~20 年的农地面积为 119.40 万亩，占总农地流转面积的16.21%；流转期限20年以上的农地面积为80.61万亩，占总农地流转面积的10.94%。从地区比较来看，发达地区的农地流转期限相对较长，欠发达地区农地流转期限相对较短。2007年苏南流转期限1～5年的农地面积为149.29万亩，占总农地流转面积的49.37%，流转期限6～10年的农地面积为56.54万亩，占总农地流转面积的18.70%，流转期限11～20年的农地面积为47.10万亩，占总农地流转面积的15.57%，20年以上的农地面积为49.49万亩，占总农地流转面积的16.36%；苏中流转期限1～5年的农地面积为82.29万亩，占总农地流转面积的43.52%；流转期限6～10年的面积为52.42万亩，占总农地流转面积的27.72%，流转期限11～20年的面积为35.91万亩，占总农地流转面积的18.99%，流转期限20年以上的面积为18.48万亩，占总农地流转面积的9.77%；苏北流转期限1～5年的农地面积为132.71万亩，占总农地流转面积的54.12%，流转期限6～10年的农地面积为63.50万亩，占总农地流转面积的25.90%，流转期限为11～20年的农地面积为36.37万亩，占总农地流转面积的14.83%，流转期限在20年以上的农地面积为12.64万亩，占总农地流转面积的5.15%（见表3-5）。

表3-5 2007年江苏农地流转期限

单位：万亩，%

	1～5年		6～10年		11～20年		≥21年	
	面积	比例	面积	比例	面积	比例	面积	比例
苏 南	149.29	49.37	56.54	18.70	47.10	15.57	49.49	16.36
苏 中	82.29	43.52	52.42	27.72	35.91	18.99	18.48	9.77
苏 北	132.71	54.12	63.50	25.90	36.37	14.83	12.64	5.15
全 省	364.28	49.44	172.45	23.41	119.40	16.21	80.61	10.94

数据来源：（包宗顺等，2009）。

农地流转日益走向开放，农地流入主体日趋多元化，农业企业、种养大户积极参与流转。2007 年江苏省流转给农业企业的农地面积为 192.81 亩，占总农地流转面积的 26.17%，流转给种养大户的农地面积为 358.14 万亩，占总农地流转面积的 48.61%。

表 3 - 6　2007 年江苏省农地转入方

单位：万亩,%

	农业企业		种养大户		其　他	
	面　积	比　重	面　积	比　重	面　积	比　重
苏　南	50.00	16.53	163.88	54.19	88.54	29.28
苏　中	43.55	23.03	81.05	42.86	64.50	34.11
苏　北	99.26	40.48	113.21	46.17	32.75	13.35
全　省	192.81	26.17	358.14	48.61	185.79	25.22

数据来源：(包宗顺等，2009)。

三　农户农地经营情况

（一）农村入户调查

选择在江苏农村做入户调查，主要基于两个方面的考虑。一是江苏省经济发展迅速，工业化进程在全国居于前列，研究江苏的农地流转，对中国其他地区工业化过程中的农地流转具有借鉴意义。二是笔者多年在江苏省求学，熟悉江苏省情况，便于调查和收集数据，节省人力物力。

考虑到江苏省经济发展水平南北差异和数据代表性的要求，首先在苏南、苏中和苏北三个地区各选择一个调查点，然后在调查点选择合适的村庄进行入户调查。苏南地区的调查点是无锡市的锡山区，苏中地区的调查点是南通市的海门县，苏北地区的调查点是盐城市建湖县和射阳县相邻的两个镇。三地调查分别在 2011 年 5 月、

6 月和 11 月进行。调查内容包括家庭成员基本情况、劳动力非农就业情况、家庭自营业情况、承包耕地情况、农地流转情况、种植业经营情况和家庭收支情况。

调查共获得有效问卷 684 份，其中无锡 286 份、南通 183 份、盐城 215 份，分别占样本总数的 41.81%、26.75% 和 31.43%。本书后续部分研究使用的数据皆出自此次农村入户调查。

（二）经营农地农户

江苏农户农地规模狭小，分割细碎。样本农户户均承包农地 3.87 亩、2.59 块，地块平均面积 1.50 亩，比全国（观察点）2009 年农户承包的 7.12 亩、4.10 块和 1.58 亩小 3.25 亩、1.51 块和 0.08 亩。从省内比较来看，苏南和苏中农户农地规模较小，细碎程度严重，苏北农户农地规模相对较大，细碎化程度更轻。无锡农户户均承包农地 2.46 亩、1.87 块，地块平均面积为 1.31 亩；南通农户户均承包农地 2.62 亩、2.99 块，地块平均面积为 0.88 亩；盐城农户户均承包农地 6.80 亩、3.19 块，地块平均面积为 2.13 亩。

除小部分农户由于征地等原因不承包农地外，大部分农地都承包农地。整体上，不承包农地的农户占 4.52%，承包农地的农户占 95.48%。从地区比较来看，苏南地区不承包农地农户相对较多，苏北地区相对较少。无锡不承包农地的农户占 7.69%，南通和盐城不承包农地的农户分别占 2.19% 和 2.30%（见表 3 - 7）。

从农地在农户之间的分布来看，承包农地少于 2 亩的农户占 29.88%，2～4 亩的农户占 36.15%，4～6 亩的农户占 15.16%，6～8 亩的农户占 5.98%，8～10 亩的农户占 3.35%，10 亩及以上的农户占 4.96%。大部分农户的承包地在 4 亩以下。承包农地

1 块的农户占 27.89%。承包农地为 2 块的农户占 23.36%，3 块的农户占 18.54%，4 块的农户占 14.16%，5 块的农户占 5.84。6 块及以上的农户占 5.69%（见表 3-7）。

表 3-7 承包农地农户

单位:%

	0 亩	0~2 亩	2~4 亩	4~6 亩	6~8 亩	8~10 亩	≥10 亩
无 锡	7.69	41.61	39.16	8.74	1.75	1.05	0.00
南 通	2.19	38.25	46.45	12.02	0.55	0.55	0.00
盐 城	2.30	7.37	23.50	26.27	16.13	8.76	15.67
总 体	4.52	29.88	36.15	15.16	5.98	3.35	4.96
	0 块	1 块	2 块	3 块	4 块	5 块	≥6 块
无 锡	7.69	48.60	22.03	10.49	5.24	2.80	3.15
南 通	2.19	8.19	28.96	28.96	18.03	9.29	4.37
盐 城	2.30	17.14	20.37	20.37	22.69	6.94	10.19
总 体	4.52	27.89	23.36	18.54	14.16	5.84	5.69

农户通过农地市场重新配置农地资源。样本农户中有 51.90% 参与农地流转，未参与农地流转的农户仅占 48.10%。从地区比较来看，发达地区农地流转更活跃，参与的农户更多。由表 3-8 可知，无锡有 61.89% 的农户参与流转，南通有 66.67% 的农户参与流转，盐城有 26.05% 的农户参与流转。

表 3-8 农户农地流转

单位:%

	流转农户			基尼系数		
	参与流转	转 入	转 出	没有流转	流转前	流转后
无 锡	61.89	5.59	56.64	38.11	0.33	0.89
南 通	66.67	4.92	61.75	33.33	0.28	0.66
盐 城	26.05	17.21	9.77	73.95	0.37	0.44
总 体	51.90	9.06	43.27	48.10	0.42	0.74

农地流转使土地逐渐向大户集中，样本农户中有 43.27% 的农户转出土地，却只有 9.06% 的农户转入土地。转出农地的农户每户平均转出土地 2.49 亩，而转入土地的农户每户平均转入土地 26.61 亩。从转包前后土地基尼系数的变化，也可以看出农地经营集中的趋势。转包前农户所有土地基尼系数是 0.42，转包后农户经营土地基尼系数变为 0.74。从地区比较来看，发达地区农地经营的集中度更高。由表 3 - 8 可知，流转后无锡农地基尼系数由 0.33 变为 0.89，南通由 0.28 变为 0.66，盐城由 0.37 变为 0.44。

流转后，无锡不经营农地的农户占 52.45%，南通占 20.22%，盐城占 2.30%。整体上，不经营农地的农户占 27.99%，接近三分之一。从经营农地的农户来看，经营 0~2 亩的农户占 25.36%，经营 2~4 亩的农户占 17.64%，经营 4~6 亩的农户占 10.35%，经营 6~8 亩的农户占 3.94%，经营 8~10 亩的农户占 3.50%，经营 10 亩及以上的农户占 11.22%（见表 3 - 9）。

表 3 - 9　经营农地农户

单位:%

	0 亩	0~2 亩	2~4 亩	4~6 亩	6~8 亩	8~10 亩	≥10 亩
无　锡	52.45	19.58	18.88	3.15	0.00	1.40	4.55
南　通	20.22	56.83	14.75	5.46	1.09	0.00	1.64
盐　城	2.30	6.45	18.43	23.96	11.52	9.22	28.11
总　体	27.99	25.36	17.64	10.35	3.94	3.50	11.22

（三）农地种植结构

一个地区的农作制度由当地的自然环境和气候条件决定，也会随着经济环境的变化而改变。无锡的农地多为水田，当地流行的耕作制度是一年两熟轮作制。种植作物是夏熟的小麦和秋熟的水稻。这也是长江中下游地区流行的农作制度。南通农地大多为旱地，当地流行的耕作制度是两年四熟轮作制。第一年的夏熟作物为油菜，秋熟作物为棉花；第二年的夏熟作物为油菜、蚕豆和绿肥；秋熟作物为大豆、玉米和花生。各种作物之间实行套种或间种。盐城的农作制度为一年两熟轮作制。水田是水稻和小麦轮作，旱地是棉花和蚕豆轮作。随着消费者需求改变，三地的农作制度发生变化。虽然传统农作物依然占据主导地位，但越来越多的农地被移作他用。果树、葡萄、大棚蔬果等经济价值高的农作物开始替代传统作物。在无锡，农地的 4.30% 改种了桃树，8.11% 改种了花卉苗木，11.89% 改种了大棚蔬果，25.48% 改种了葡萄，依然坚持一年两熟轮作制的农地占 50.22%；在南通，农地的 0.32% 改种了花卉苗木，12.78% 改种了大棚蔬果，24.12% 改种了葡萄，依然坚持两年四熟轮作制的农地占 62.78%；在盐城，农地 6.92% 改种了花卉苗木。整体上，23.88% 的农地做了种植业调整，采用新的农作制度，76.12% 的农地坚持原有农作制度（见表 3 - 10）。

表 3 - 10　农地种植结构

单位:%

	粮棉油	桃　树	花卉苗木	大棚蔬果	葡　萄
无　锡	50.22	4.30	8.11	11.89	25.48
南　通	62.78	0.00	0.32	12.78	24.12
盐　城	93.08	0.00	6.92	0.00	0.00
总　体	76.12	1.07	6.14	5.51	11.16

（四）农地经营人员

农作制度演变的同时，农地经营人员结构也在发生改变。随着劳动力由农业向二、三产业转移，中老年人成了农地经营人员主体。

江苏省农户家庭劳动力转移程度高，大部分劳动力都在非农产业就业。样本劳动力中，完全从事非农产业的劳动力占63.24%，以非农产业为主兼营农业的劳动力（二兼）占18.68%，完全从事农业和以农业为主的劳动力（一兼）分别占13.54%和4.54%。从地区比较来看，苏南农户家庭劳动力就业非农化程度较高，苏北农户家庭劳动力就业非农化程度相对低。2010年无锡劳动力中，就业完全非农的占77.87%，完全农业的占5.89%；南通劳动力中，就业完全非农的占66.67%，完全农业的占13.89%；盐城劳动力中，就业完全非农的占41.55%，完全农业的占23.69%（见表3-11）。

表 3-11　劳动力转移程度

单位：%

	农　业	一　兼	二　兼	非　农
无　锡	5.89	0.72	15.52	77.87
南　通	13.89	2.78	16.67	66.67
盐　城	23.69	10.68	24.08	41.55
总　体	13.54	4.54	18.68	63.24

从劳动力年龄、教育与就业非农程度交叉分析可知，年轻、教育程度高的劳动力更容易实现劳动力转移。年轻、教育程度高的农民就业专业化程度高，且以非农产业为主；年老、教育程度低的农民就业专业化程度低，且以农业为主。

年轻、教育程度高的劳动力更容易实现劳动力转移，使年老、教育程度低的农民成为农地经营人员主体。

从年龄来看，农地经营人员年龄最小的为22岁，年龄最大的为80岁，平均年龄为54.79岁。从经营者的年龄分布来看，年龄

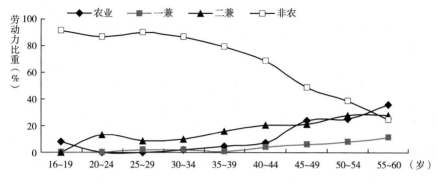

图3-9 劳动力年龄与转移

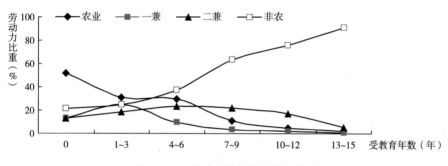

图3-10 劳动力受教育年数与转移

在40岁以下的经营者仅占4.14%,年龄在40~49岁的经营者占18.35%,年龄在50~59岁的经营者占28.35%,年龄在60~69岁的经营者占37.14%,年龄在70岁及以上的经营者占12.03%(见表3-12)。

表3-12 农地经营人员年龄分布

单位:%

	<40岁	40~49岁	50~59岁	60~69岁	≥70岁
无 锡	4.88	14.91	38.82	36.25	5.14
南 通	0.91	15.97	19.60	44.83	18.69
盐 城	7.95	25.13	30.26	27.18	9.49
总 体	4.14	18.35	28.35	37.14	12.03

从受教育年数来看，农地经营者平均受教育年数为 6.49 年，其中未受过教育的经营者占 14.49%，受教育 1~3 年的经营者占 6.64%，受教育 4~6 年的经营者占 33.74%，受教育 7~9 年的经营者占 37.74%，受教育 10~12 年的经营者占 6.19%，受教育 13~15 年的经营者占 1.21%（见表 3-13）。

表 3-13　农地经营人员受教育年数分布

单位：%

	0 年	1~3 年	4~6 年	7~9 年	10~12 年	13~15 年
无　锡	9.77	4.11	41.13	38.30	5.91	0.77
南　通	11.25	5.99	33.76	41.02	6.17	1.81
盐　城	23.90	10.13	26.23	32.47	6.49	0.78
总　体	14.49	6.64	33.74	37.74	6.19	1.21

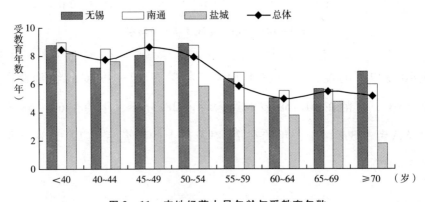

图 3-11　农地经营人员年龄与受教育年数

从年龄和受教育水平的关系来看，农业经营人员的年龄越大受教育水平越低，年龄越小受教育水平越高。年龄 55 岁以上农业经营人员受教育水平以小学为主，年龄 55 岁以下农业经营人员受教育水平以初中为主。

四 本章小结

本章首先从所有权、经营权、收益权和处置权四种权利出发回顾了中国农地制度的改革和演变过程,然后从种植业调整、劳动力转移和农地流转三个方面分析了全国和江苏省农地经营变化趋势,最后利用农村入户调查数据分析了农户农地经营情况。综合以上分析,本章有以下主要结论。

改革开放以来中国农地制度改革的整体趋势是农户逐渐获得农地经营权、收益权和处置权。目前中国农地制度是家庭联产承包责任制。在家庭联产承包责任制下,农地属归农民集体所有,农户通过承包的方式从集体获得农地经营权,农地经营权再进一步派生出收益权和处置权。

经济发展、人民生活水平提高,消费者对种植业产品的需求发生改变,种植业结构不断调整。全国和江苏省种植业调整的基本趋势是减少粮食、棉花和油料作物的播种面积,增加蔬菜和瓜果的种植面积。政府调控粮食价格和补贴种粮农民会造成种植业调整的反复和徘徊。

经济发展吸引农业劳动力快速向二、三产业转移。农业劳动力大量转移不仅使农业劳动力相对数量减少,而且使农业劳动力绝对数量减少。江苏省农户家庭劳动力转移程度高,大部分劳动力在非农产业领域就业。随着劳动力大量转移,年龄大、教育程度低的农民成为农地经营主体。

农地流转逐渐出现和增加,特别是进入新千年以后,农地流转速度不断加快。从地区比较来看,发达地区的农地流转比例较高,不发达地区的农地流转比例较低。参与农地流转的农户越来越多，农地市场日益开放，参与流转的主体越来越多元化。通过流转，农地经营日趋集中。

第四章　农地流转机制

合约理论认为，市场交易存在交易费用和风险，交易者会根据交易的特点，选择合适的合约进行交易，以便降低交易费用和规避交易风险。农地流转是农地在不同生产者和不同用途之间的流动。农地流转中农户会根据农地特征、交易对象和农地用途选择不同的合约进行流转，以便在农地流转中降低交易费用和规避风险。本章将以农地地块特征、流转对象和农地用途为"经"，以农地流转中介、担保、合同、期限和租金形式为"纬"，分析农地流转机制，考察农地流转合约使用是否符合降低交易费用和规避风险的要求。

一　农地及其流动

（一）农地地块特征

流转地块面积最小的为 0.05 亩，最大的为 130.00 亩，平均每块地块为 3.86 为亩。如表 4 - 1 所示，从地块面积分布来看，不到 1 亩的地块占 26.24%，地块面积为 1 ~ 2 亩的占 39.11%，地块面积为 2 ~ 3 亩的占 16.01%，地块面积为 3 亩及以上的占 18.65%。从地区比较来看，南通参与流转的地块面积最小，其次是无锡，盐城的地块面积最大。南通、无锡和盐城不到 1 亩地块所占比重分别为 43.89%、19.49% 和 7.96%；南通、无锡和盐城 3 亩及以上地块所占比重分别为 4.52%、17.28% 和 49.56%。

表 4 – 1 地块面积分布

单位:%

地 区	<1 亩	1 ~ 2 亩	2 ~ 3 亩	≥3 亩
无 锡	19.49	44.85	18.38	17.28
南 通	43.89	43.44	8.14	4.52
盐 城	7.96	16.81	25.66	49.56
总 体	26.24	39.11	16.01	18.65

部分农地在流转过程中进行了合并，农户转入地块的面积大于转出地块的面积。转出地块面积最小的为 0.05 亩，最大的为 10.00 亩，平均每块地块为 1.39 亩；转入地块面积最小的为 0.10 亩，最大的为 130.00 亩，平均每块地块为 12.44 亩。由图 4 – 1 可知，转出地块中面积为 3 亩及以上的占 6.57%，转入地块中面积 3 亩及以上的地块占 61.03%。

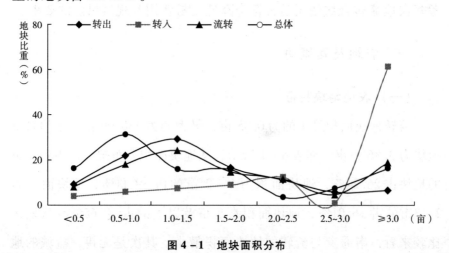

图 4 – 1 地块面积分布

从地块距离分布来看，流转地块与农户住宅平均距离为 381.26 米。从地块与住宅距离分布来看，两者距离不到 200 米的地块占 45.97%，两者距离为 200~400 米的占 29.50%，两者距离为 400 米及以上的占 24.53%。从地区比较来看，盐城农地与农户住宅距离相对较远。农地与农户住宅距离在 400 米及以上的地块，无锡占 20.72%，南通占 22.62%，盐城占 36.94%（见表 4-2）。

表 4-2　地块距离分布

单位：%

地　区	<200 米	200~400 米	≥400 米
无　锡	47.01	32.27	20.72
南　通	46.15	31.22	22.62
盐　城	43.24	19.82	36.94
总　体	45.97	29.50	24.53

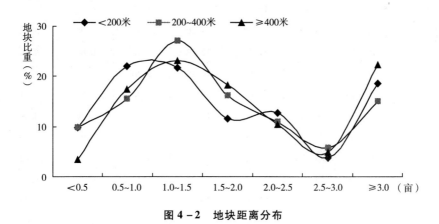

图 4-2　地块距离分布

（二）农地流转对象

表 4-3 展示的是地块流转对象分布。从转出情况看，6.78% 的农地转给亲戚朋友，22.46% 转给本村农民，40.89% 转给外村农民，6.36% 转给公司企业，1.27% 转给合作社，22.25% 转给村委

会；从转入情况看，25.37%的农地来自亲戚朋友，45.52%来自本村农民，12.69%来自外村农民，16.42%来自村委会；整体上，农地交易对象10.89%是亲戚朋友，27.56%是本村农民，34.65%是外村农民，4.95%是公司企业，0.99%是合作社，20.96%是村委会。外村农民是主要流转对象，其次是本村农民和亲戚朋友。公司企业和合作社也流转农地，但所占比重不高。很多农地通过村委会以"反租倒包"的形式进行流转。需要指出的是，外村农民主要是来自浙江、安徽、山东等地的外来农民，很少是相邻村庄的农民。外来农民一般是亲戚朋友。他们相互结伴，以夫妇为单位流转和经营农地。

表 4 - 3　农地流转对象

单位:%

	地 区	亲戚朋友	本村农民	外村农民	公司企业	合作社	村委会
转出	无 锡	3.86	12.45	39.06	1.72	0.00	42.92
	南 通	3.50	30.50	48.50	12.00	3.00	2.50
	盐 城	41.03	41.03	12.82	5.13	0.00	0.00
	总 体	6.78	22.46	40.89	6.36	1.27	22.25
转入	无 锡	5.13	25.64	12.82	0.00	0.00	56.41
	南 通	28.57	42.86	28.57	0.00	0.00	0.00
	盐 城	35.14	56.76	8.11	0.00	0.00	0.00
	总 体	25.37	45.52	12.69	0.00	0.00	16.42
合计	无 锡	4.04	14.34	35.29	1.47	0.00	44.85
	南 通	5.88	31.67	46.61	10.86	2.71	2.26
	盐 城	37.17	51.33	9.73	1.77	0.00	0.00
	总 体	10.89	27.56	34.65	4.95	0.99	20.96

从地区比较来看，无锡农地主要被外来农民转包，很多农地以"返租倒包"的形式流转；南通农地流转形式相对多元，亲戚朋友、本村农民和外村农民的参与比重相对均衡；盐城农地流转对象主要

是亲戚朋友和本村农民。如表 4 - 3 所示，无锡转出的农地，3.86% 转给亲戚朋友，12.45% 转给本村农民，39.06% 转给外村农民，1.72% 转给公司企业，42.92% 转给村委会；南通转出的农地，3.50% 转给亲戚朋友，30.50% 转给本村农民，48.50% 转给外村农民，12.00% 转给公司企业，3.00% 转给合作社，2.50% 转给村委会；盐城转出的农地，41.03% 转给亲戚朋友，41.03% 转给本村农民，12.82% 转给外村农民，5.13% 转给公司企业。整体上，无锡农地市场最开放，农地流转对象主要是外村农民；南通农地市场开放度一般，部分农地被外来农民转包；盐城农地流转市场比较封闭，农地主要在亲戚朋友和村庄内部流转。

（三）流转农地用途

由表 4 - 4 可知，流转农地大部分都用于种植经济作物。流转农地中用于种植粮棉油的占 30.87%，用于种植经济作物的占 69.12%，其中 1.54% 种植桃树，11.32% 种植花卉苗木，21.10% 种植大棚蔬果，35.16% 种植葡萄。

表 4 - 4　流转农地用途

单位:%

地　区	粮棉油	桃　树	花卉苗木	大棚蔬果	葡　萄
无　锡	19.37	3.56	18.97	22.53	35.57
南　通	15.21	0.00	1.38	30.41	53.00
盐　城	86.73	0.00	13.27	0.00	0.00
总　体	30.87	1.54	11.32	21.10	35.16

减少粮棉油的播种面积，增加经济作物的播种面积是种植业调整的基本趋势。受气候条件和经济发展水平影响，三个地区农地用途变化在程度上和方向上存在差异。无锡流转农地用于种植粮棉油

的占 19.37%，用于种植经济作物的占 80.63%，其中用于种植桃树的占 3.56%，用于种植花卉苗木的占 18.97%，用于种植大棚蔬果的占 22.53%，用于种植葡萄的占 35.57%；南通流转农地用于种植粮棉油的占 15.21%，用于种植经济作物的占 84.79%，其中用于种植花卉苗木的占 1.38%，用于种植大棚蔬果的占 30.41%，用于种植葡萄的占 53.00%；盐城流转农地用于种植粮棉油的占 86.73%，用于种植经济作物的占 13.27%，且经济作物全部是花卉苗木（见表 4 - 4）。无锡和南通农地种植经济作物比重高，经济作物种类也多；盐城农地种植经济作物比重低，经济作物种类也相对单一。

从农地流转对象与用途的交叉分析来看，流转对象与用途之间高度相关。流转给亲戚朋友、本村农民的农地，种植经济作物的比重低，流转给外村农民、公司企业、合作社和村委会的农地，种植经济作物的比重高。由表 4 - 5 可知，流转给亲戚朋友的农地 100.00% 用于种植粮棉油；流转给本村农民的农地，36.63% 用于种植粮棉油，63.36% 用于种植经济作物，其中 0.99% 用于种植桃树，4.95% 用于种植花卉苗木，8.91% 用于种植大棚蔬果，48.51% 用于种植葡萄；流转给外村农民的农地，5.35% 用于种植粮棉油，94.65% 用于种植经济作物，其中 2.67% 用于种植桃树，9.63% 用于种植花卉苗木，24.60% 用于种植大棚蔬果，57.75% 用于种植葡萄；流转给公司企业的农地，全部用于种植经济作物，其中 17.86% 用于种植花卉苗木，42.86% 用于种植大棚蔬果，39.29% 用于种植葡萄；流转给合作社的农地，全部用于种植经济作物，其中 50.00% 用于种植大棚蔬果，50.00% 用于种植葡萄；流转给村委会的农地，全部用于种植经济作物，其中 3.16% 用于种植桃树，26.32%用于种植花卉苗木，51.58%用于种植大棚蔬果，18.95%用于种植葡萄。

表4-5 农地流转对象与用途

单位:%

地 区		粮棉油	桃 树	花卉苗木	大棚蔬果	葡 萄
转出	亲戚朋友	100.00	0.00	0.00	0.00	0.00
	本村农民	36.63	0.99	4.95	8.91	48.51
	外村农民	5.35	2.67	9.63	24.60	57.75
	公司企业	0.00	0.00	17.86	42.86	39.29
	合 作 社	0.00	0.00	0.00	50.00	50.00
	村 委 会	0.00	3.16	26.32	51.58	18.95
转入	亲戚朋友	100.00	0.00	0.00	0.00	0.00
	本村农民	62.30	0.00	21.31	4.92	11.48
	外村农民	58.82	0.00	0.00	0.00	41.18
	公司企业	—	—	—	—	—
	合 作 社	—	—	—	—	—
	村 委 会	86.36	0.00	0.00	4.55	9.09
总体	亲戚朋友	100.00	0.00	0.00	0.00	0.00
	本村农民	46.30	0.62	11.11	7.41	34.57
	外村农民	9.80	2.45	8.82	22.55	56.37
	公司企业	0.00	0.00	17.86	42.86	39.29
	合 作 社	0.00	0.00	0.00	50.00	50.00
	村 委 会	16.24	2.56	21.37	42.74	17.09

二 农地流转中介

（一）地块特征与中介

中介在农地流转发挥着降低交易费用的作用。地块面积大小对流转中介使用有影响。整体上，地块面积越大，流转使用中介比重越低，地块面积越小，流转使用中介比重越高。由表4-6可知，面积不到1亩的地块有69.18%使用中介，面积为1~2亩的地块有

71.43%使用中介，面积为2~3亩的地块有58.33%使用中介，3
亩及以上的地块有37.72%使用中介。

村委会和村民是重要的农地流转中介人。使用中介的地块，
94.76%的中介人是村委会，3.93%的中介人是村民。

从地块面积与中介人选择来看，地块面积越小，村民扮演中介
人角色的比重越高，地块面积越大，村委会扮演中介人角色的比重
越高。由表4-6可知，不到1亩的地块，中介人是村委会的占
93.64%，中介人是村民的占5.45%；面积为1~2亩的地块，中介
人是村委会的占94.15%，中介人是村民的占4.09%；面积为2~3
亩的地块，中介人是村委会的占96.43%，是村民的占3.57%；面
积为3亩及以上的地块，中介人是村委会的占97.78%。

表4-6　地块面积与中介使用

单位：%

地块面积	有中介比重	中介人		
		村委会	村民	其他
<1亩	69.18	93.64	5.45	0.91
1~2亩	71.43	94.15	4.09	1.75
2~3亩	58.33	96.43	3.57	0.00
≥3亩	37.72	97.78	0.00	2.22
总体	62.44	94.76	3.93	1.31

地块与农户住宅的距离对中介使用有影响。距离越近，使用中
介比重越高，距离越远，使用中介比重越低。由表4-7可知，距离
不到200米的地块有62.92%使用中介，距离为200~400米的地块有
69.54%使用中介，距离在400米及以上的地块有48.25%使用中介。

从地块距离与中介人选择关系来看，距离越近，村民扮演中介人
角色的比重越高，距离越远，村委会扮演中介人角色的比重越高。由表

4－7可知，距离不到200米的地块，中介人是村委会的占94.64%，中介人是村民的占5.36%；距离为200～400米的地块，中介人是村委会的占92.56%，中介人是村民的占4.13%；距离为400米及以上的地块，中介人是村委会的占97.22%，中介人是村民的占1.39%。

表4－7　地块距离与中介使用

单位:%

地块距离	有中介比重	中介人		
		村委会	村　民	其　他
＜200米	62.92	94.64	5.36	0.00
200～400米	69.54	92.56	4.13	3.31
≥400米	48.25	97.22	1.39	1.39
总体	61.30	94.46	4.16	1.39

（二）流转对象与中介

流转对象与农户关系的亲疏决定着农地流转中介的使用程度。整体上，流转对象与农户关系越近，农地流转使用中介比重越低，流转对象与农户关系越远，农地流转使用中介比重越高。由表4－8可知，流转对象为亲戚朋友的农地有7.46%使用中介，流转对象为本村农民的农地有50.30%使用中介，流转对象为外村农民的农地有81.43%使用中介，流转对象为公司企业的农地有93.33%使用中介，流转对象为合作社的农地有50.00%使用中介，流转对象为村委会的农地有69.29%使用中介。

表4－8　流转对象与中介使用

单位:%

流转对象	有中介比重	中介人		
		村委会	村　民	其　他
亲戚朋友	7.46	0.00	100.00	0.00
本村农民	50.30	3.41	96.59	0.00
外村农民	81.43	91.23	5.85	2.92

流转对象	有中介比重	中介人		
		村委会	村 民	其 他
公司企业	93.33	100.00	0.00	0.00
合 作 社	50.00	100.00	0.00	0.00
村 委 会	69.29	97.70	2.30	0.00
总 体	62.44	94.76	3.93	1.31

农户选择通过村委会流转还是通过村民流转，主要受流转对象与其亲疏关系的影响。流转对象为亲戚朋友、本村农民，农户多选择村民作为中介，流转对象为外村农民、公司企业、合作社和村委会，农户多选择村委会作为中介。

（三）农地用途与中介

流转后农地的用途对中介使用也有影响。种植粮棉油的农地，流转中较少使用中介，使用中介的农地，中介主要是村民；种植经济作物的农地大多使用中介，而且中介以村委会为主。由表4-9可知，种植粮棉油的农地有13.26%使用中介，中介100.00%是村民；种植桃树的农地100.00%使用中介，中介全是村委会；种植花卉苗木的农地有68.18%使用中介，中介68.89%是村委会，28.89%是村民；种植大棚蔬果的农地有82.11%使用中介，中介99.01%是村委会，0.99%是村民；种植葡萄的农地有89.76%使用中介，中介97.28%是村委会，0.54%是村民。

表4-9　农地用途与中介使用

单位:%

用 途	有中介比重	中介人		
		村委会	村 民	其 他
粮 棉 油	13.26	0.00	100.00	0.00
桃 树	100.00	100.00	0.00	0.00

用　　途	有中介比重	中介人		
		村委会	村　民	其　他
花卉苗木	68.18	68.89	28.89	2.22
大棚蔬果	82.11	99.01	0.99	0.00
葡　　萄	89.76	97.28	0.54	2.17
总　　体	62.16	94.55	4.09	1.36

在调查问卷中，笔者在中介人备选答案中除了"村委会"、"村民"和"其他"外，还设置了"土地流转中心"，而且很多调查点都设置了土地流转中心或土地流转市场，但样本农户都没有选择"土地流转中心"。这可能是土地流转中心都设在镇政府或乡政府，不设在村委会的缘故。

三　农地流转担保

（一）地块特征与担保

地块面积大小对农地流转担保使用有影响。整体上，地块面积越小，流转使用担保的可能性越大，地块面积使用担保的可能性越小。由表 4 - 10 可知，面积不到 1 亩的地块有 49.01% 使用担保，面积为 1 ~ 2 亩的地块有 44.39% 使用担保，面积为 2 ~ 3 亩的地块有 35.11% 使用担保，面积为 3 亩及以上的地块有 23.36% 使用担保。

表 4 - 10　地块面积与担保使用

单位：%

地块面积	有担保比重	担保人			
		亲戚朋友	村　民	村干部	其　他
<1 亩	49.01	2.67	4.00	85.33	8.00
1 ~ 2 亩	44.39	0.98	3.92	81.37	13.73

地块面积	有担保比重	担保人			
		亲戚朋友	村 民	村干部	其 他
2～3 亩	35.11	0.00	0.00	72.73	27.27
≥3 亩	23.36	0.00	0.00	85.71	14.29
总体	40.17	1.26	2.94	81.93	13.87

从地块面积与担保人的选择来看，地块面积越小，亲戚朋友和村民扮演担保人角色的可能性越高，地块面积越大，村干部扮演担保人角色的可能性越高。由表 4-10 可知，面积不到 1 亩的地块，担保人有 2.67% 是亲戚朋友，有 4.00% 是村民，有 85.33% 是村干部；面积为 1～2 亩的地块，担保人有 0.98% 是亲戚朋友，有 3.92% 是村民，有 81.37% 是村干部；面积为 2～3 亩的地块担保人有 72.73% 是村干部；面积为 3 亩及以上的地块担保人有 85.71% 是村干部。从地块距离与担保使用来看，地块距离越近，担保使用比重越高，距离越远，担保使用比重越低。由表 4-11 可知，距离不到 200 米的地块有 45.02% 使用担保，距离在 200～400 米的地块有 39.05% 使用担保，距离在 400 米及以上的地块有 28.36% 使用担保。

表 4-11　地块距离与担保使用

单位:%

地块距离	有担保比重	担保人			
		亲戚朋友	村 民	村干部	其 他
<200 米	45.02	2.61	1.74	78.26	17.39
200～400 米	39.05	0.00	6.06	80.30	13.64
≥400 米	28.36	0.00	2.38	88.10	9.52
总体	39.17	1.35	3.14	80.72	14.80

从地块距离与担保人选择来看，地块距离越近，担保人是亲戚朋友的比重越高，地块距离越远，担保人是村干部的比重越高。由表 4 – 11 可知，距离不到 200 米的地块，担保人中有 2.61% 是亲戚朋友，1.74% 是村民，78.26% 是村干部；距离在 200～400 米的地块，担保人有 6.06% 是村民，80.30% 是村干部；距离在 400 米及以上的地块，担保人有 2.38% 是村民，88.10% 是村干部。

（二）流转对象与担保

农地流转对象对担保使用有显著影响。整体上，流转对象与农户的关系越亲近，担保使用的比重越低，关系越疏远，担保使用比重越高。由表 4 – 12 可知，流转对象为亲戚朋友的农地中有 2.99% 使用担保，流转对象为本村农民的农地有 39.10% 使用担保，流转对象为外村农民的农地有 50.52% 使用担保，流转对象为公司企业的农地有 89.66% 使用担保，流转对象为合作社的农地有 50.00% 使用担保，流转对象为村委会的农地有 33.33% 使用担保。

表 4 – 12　流转对象与担保使用

单位:%

流转对象	有担保比重	担保人			
		亲戚朋友	村　民	村干部	其　他
亲戚朋友	2.99	60.00	0.00	40.00	0.00
本村农民	39.10	0.00	0.00	89.55	10.45
外村农民	50.52	0.00	7.37	76.84	15.79
公司企业	89.66	0.00	0.00	100.00	0.00
合　作　社	50.00	0.00	0.00	100.00	0.00
村　委　会	33.33	0.00	0.00	73.81	26.19
总　　体	40.17	1.26	2.94	81.93	13.87

从流转对象与担保人的选择来看，关系越亲近，亲戚朋友和村民作为担保人的比重越高；关系越疏远，村干部作为担保人的比重越高。流转对象为亲戚朋友的农地，担保人60.00%是亲戚朋友，40.00%是村干部；流转对象为本村农民的农地，担保人89.55%是村干部；流转对象为外村农民的农地，担保人7.37%是村民，76.84%是村干部；流转对象为农业组织（公司企业、合作社）的农地，担保人全部是村干部；流转对象为村委会的农地，担保人73.81%是村干部。

（三）农地用途与担保

农地用途对担保的使用有影响。用于种植粮棉油的农地，担保使用的比重较低，用于种植经济作物的农地，担保使用的比重较高。由表4-13可知，用于种植粮棉油的农地有5.17%使用担保，用于种植桃树的农地有14.29%使用担保，用于种植花卉苗木的农地有38.98%使用担保，用于种植大棚蔬果的农地有68.60%使用担保，用于种植葡萄的农地有54.12%使用担保。

表 4-13　农地用途与担保使用

单位：%

用　　途	有担保比重	担保人			
		亲戚朋友	村　民	村干部	其　他
粮 棉 油	5.17	18.75	68.75	0.00	12.50
桃　　树	14.29	0.00	0.00	100.00	0.00
花卉苗木	38.98	0.00	30.43	52.17	17.39
大棚蔬果	68.60	0.00	0.00	85.88	14.12
葡　　萄	54.12	0.00	0.00	87.38	12.62
总　　体	39.82	13.64	31.82	84.55	14.55

从担保人的选择来看，种植粮棉油的农地，担保人主要是亲戚朋友和村民，用于种植经济作物的农地，担保人主要是村干部。由表4－13可知，用于种植粮棉油的农地，担保人有18.75%是亲戚朋友，68.75%是村民；用于种植桃树的农地，担保人全部是村干部；用于种植花卉苗木的农地，担保人30.43%是村民，52.17%是村干部；用于种植大棚蔬果的农地，担保人85.88%是村干部；用于种植葡萄的农地担保人87.38%是村干部。

四　农地流转合同

（一）地块特征与合同

农地流转的合同形式可以分为口头和书面两种。如表4－14所示，样本地块中有72.07%使用书面合同。从地区差异来看，无锡和南通农地流转使用书面合同比重较高，盐城农地流转使用书面合同比重较低。

表4－14　地块面积与书面合同使用

单位：%

地块面积	无　锡	南　通	盐　城	总　体
<1 亩	84.62	77.89	0.00	75.64
1～2 亩	80.53	79.57	10.53	74.22
2～3 亩	83.33	66.67	11.54	59.78
≥3 亩	84.44	88.89	60.38	72.90
总体	82.56	78.14	34.58	72.07

从不同地块面积书面合同使用情况来看，面积较小和较大的地块使用书面合同比重较高，面积适中的地块使用书面合同比重较低。整体上，面积不到1亩的地块有75.64%使用书面合同，面积

为 1 ~ 2 亩的地块有 74.22% 使用书面合同，面积为 2 ~ 3 亩的地块有 59.78% 使用书面合同，面积为 3 亩及以上的地块有 72.90% 使用书面合同。

从不同距离地块合同使用情况来看，距离越近，书面合同的使用比重越高，距离越远，书面合同的使用比重越低。由表 4 - 15 可知，距离不到 200 米的地块有 77.95% 使用书面合同，距离为 200 ~ 400 米的地块有 73.96% 使用书面合同，距离为 400 米及以上的地块有 58.21% 使用书面合同。

表 4 - 15　地块距离与书面合同使用

单位:%

地块距离	无　锡	南　通	盐　城	总　体
<200 米	84.82	81.44	53.33	77.95
200 ~ 400 米	85.19	79.41	10.00	73.96
≥400 米	75.00	70.00	25.00	58.21
总体	83.12	78.14	34.29	71.99

（二）流转对象与合同

流转对象与农户关系的亲疏对农地流转是否使用书面合同影响显著。关系越亲近，书面合同使用的比重越低，关系越疏远，书面合同的使用比重越高。由表 4 - 16 可知，流转对象为亲戚朋友的地块有 20.97% 使用书面合同，流转对象为本村农民的地块有 54.78% 使用书面合同，流转对象为外村农民的地块有 82.32% 使用书面合同，流转对象为农业组织（公司企业和合作社）的地块全部使用书面合同，流转对象为村委会的地块有 94.49% 使用书面合同。

表 4 - 16　流转对象与书面合同使用

单位:%

流转对象	无　锡	南　通	盐　城	总　体
亲戚朋友	0.00	0.00	31.71	20.97
本村农民	51.52	70.00	37.04	54.78
外村农民	87.50	84.00	20.00	82.32
公司企业	100.00	100.00	100.00	100.00
合 作 社	—	100.00	—	100.00
村 委 会	94.26	100.00	—	94.49
总　体	82.56	78.14	34.58	72.07

（三）农地用途与合同

用途对农地流转的合同使用有影响。整体上,用于种植粮棉油的农地较少使用书面合同,用于种植经济作物的农地大多使用书面合同。由表 4 - 17 可知,用于种植粮棉油的农地有 26.38% 使用书面合同,用于种植桃树的农地有 88.89% 使用书面合同,用于种植花卉苗木的农地有 93.94% 使用书面合同,用于种植大棚蔬果的农地有 94.07% 使用书面合同,用于种植葡萄的农地有 87.75% 使用书面合同。

表 4 - 17　农地用途与书面合同使用

单位:%

用　途	无　锡	南　通	盐　城	总　体
粮 棉 油	46.34	6.67	23.91	26.38
桃 树	88.89	—	—	88.89
花卉苗木	91.67	100.00	100.00	93.94
大棚蔬果	98.18	90.48	—	94.07
葡 萄	86.52	88.70	—	87.75
总　体	83.47	77.73	34.58	71.96

五　农地流转期限

样本地块中,流转期限不明确的占 34.50%,流转期限明确的

83

占 65.50%。大部分地块明确约定流转期限。流转期限不明确的农地一般一年一订。虽然合同一年一订,但农地流转关系大部分是稳定的,很少发生变化。流转期限明确的农地,期限跨度较大。期限最短的为 1 年,最长的为 22 年,平均为 10.35 年。流转期限最长的地块合同已签订到 30 年承包合同结束时。合同签订到 30 年合同结束的地块占 9.87%。

(一) 地块特征与期限

从流转期限是否固定来看,地块面积越小,流转期限固定比重越高,地块面积越大,流转期限固定比重越低。由表 4 – 18 可知,面积不到 1 亩的地块有 66.46% 流转期限固定,面积为 1 ~ 2 亩的地块有 71.55% 流转期限固定,面积为 2 ~ 3 亩地块有 56.25% 流转期限固定,面积为 3 亩及以上地块有 59.65% 流转期限固定。

从流转期限长度来看,农地流转期限呈 M 形分布。农地的流转期限主要为 2 ~ 5 年和 11 ~ 15 年。由表 4 – 18 可知,流转期限为 1 年的地块占 10.40%,2 ~ 5 年的占 28.53%,6 ~ 10 年的占 12.53%,11 ~ 15 年的占 38.40%,16 年及以上的占 10.13%。面积为 3 亩以下地块,面积越大农地流转期限越长,且流转期限主要分布在 11 ~ 15 年;面积 3 亩及以上的地块,流转期限相对短,流转期限主要分布在 1 年和 2 ~ 5 年。

表 4 – 18　地块面积与流转期限

单位:%

地块面积	期限固定比重	期限分布				
		1 年	2 ~ 5 年	6 ~ 10 年	11 ~ 15 年	≥16 年
<1 亩	66.46	0.00	32.35	13.73	45.10	8.82
1 ~ 2 亩	71.55	10.13	31.01	10.13	34.81	13.92
2 ~ 3 亩	56.25	6.00	14.00	14.00	58.00	8.00

续表

地块面积	期限固定比重	期限分布				
		1 年	2~5 年	6~10 年	11~15 年	≥16 年
≥3 亩	59.65	30.77	27.69	15.38	21.54	4.62
总体	65.50	10.40	28.53	12.53	38.40	10.13

地块距离与流转期限是否固定有影响。整体上，距离越近，农地流转期限固定比重越高，距离越远，农地流转期限固定比重越低。由表4-19可知，距离不到200米的地块有70.79%流转期限固定，200~400米的地块有65.50%期限固定，400米及以上的地块有54.68%期限固定。

表4-19　地块距离与流转期限

单位:%

地块距离	期限固定比重	期限分布				
		1 年	2~5 年	6~10 年	11~15 年	≥16 年
<200 米	70.79	11.41	29.89	5.98	42.93	9.78
200~400 米	65.50	7.69	25.96	20.19	35.58	10.58
≥400 米	54.68	4.23	33.80	15.49	36.62	9.86
总体	65.34	8.91	29.53	11.98	39.55	10.03

从流转期限分布来看，距离近的地块，流转期限相对长，距离远的地块，流转期限相对短。

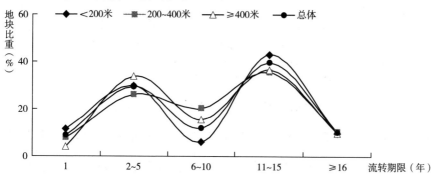

图4-3　地块距离与流转期限

（二）流转对象与期限

流转期限是否固定与流转对象相关。一般的，流转对象与农户的关系越亲近，农地流转期限固定的比例越低，流转对象与农户的关系越疏远，农地流转期限固定的比例越高。流转给合作社的农地很少明确约定流转期限。通过村委会流转的农地，转出户与村委会一般不明确期限，转入户与村委会明确约定期限。由表 4 - 20 可知，流转对象为亲戚朋友的农地有 20.59% 明确流转期限，流转对象为本村农民的农地有 59.28% 明确期限；流转对象为外村农民的农地有 89.60% 明确期限，流转对象为公司企业的农地有 96.67% 明确期限，流转对象为合作社的农地都不明确期限，流转对象为村委会的农地有 55.12% 明确流转期限。

表 4 - 20   流转对象与流转期限

单位:%

流转对象	期限固定比重	期限分布				
		1 年	2 ~ 5 年	6 ~ 10 年	11 ~ 15 年	≥16 年
亲戚朋友	20.59	7.14	71.43	14.29	0.00	7.14
本村农民	59.28	11.96	31.52	21.74	26.09	8.70
外村农民	89.60	3.47	35.26	8.09	41.04	12.14
公司企业	96.67	0.00	3.45	13.79	82.76	0.00
合 作 社	0.00	—	—	—	—	—
村 委 会	55.12	32.81	4.69	10.94	39.06	12.50
总 体	65.50	10.40	28.53	12.53	38.40	10.13

从期限固定的农地来看，流转对象为亲戚朋友的农地流转期限主要集中分布在 2 ~ 5 年，流转对象为公司企业的农地流转期限主要集中分布在 11 ~ 15 年，流转对象为本村农民、外村农民和村委会的农地流转期限分布相对均衡，大体呈 M 形。

（三）农地用途与期限

农地流转期限主要受农作物的生长周期影响。农作物生长周期越短，农地流转期限明确的比例越低；农作物生长周期越长，农地流转期限明确的比例越高。由表 4 – 21 可知，用于种植粮棉油的农地有 21.91% 明确期限，用于种植桃树的农地全部明确期限，用于种植花卉苗木的农地有 77.27% 明确期限，用于种植大棚蔬果的农地有 73.55% 明确期限，用于种植葡萄的农地有 96.06% 明确流转期限。

表 4 – 21　农地用途与流转期限

单位:%

用　　途	期限固定比重	期限长度				
		1 年	2～5 年	6～10 年	11～15 年	≥16 年
粮棉油	21.91	23.53	50.00	20.59	2.94	2.94
桃　树	100.00	0.00	0.00	0.00	28.57	71.43
花卉苗木	77.27	0.00	19.61	47.06	29.41	3.92
大棚蔬果	73.55	13.10	36.90	2.38	36.90	10.71
葡　萄	96.06	0.00	27.89	5.79	56.32	10.00
总　体	66.38	10.66	28.96	12.02	38.52	9.84

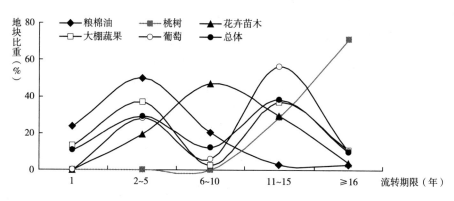

图 4 – 4　农地用途与流转期限

从流转期限固定的农地来看，种植粮棉油的农地流转期限较短，种植桃树、花卉苗木、大棚蔬果和葡萄的农地流转期限较

长。由表 4 - 21 可知，用于种植粮棉油的农地，期限为 1 年的占
23.53%，为 2～5 年的占 50.00%，为 6～10 年的占 20.59%，为
11～15 年的占 2.94%，为 16 年及以上的占 2.94%；用于种植桃
树的农地，期限都在 10 年以上，其中期限为 11～15 年的占
28.57%，期限为 16 年及以上的占 71.43%；用于种植花卉苗木
的农地，期限为 2～5 年的占 19.61%，期限为 6～10 年的占
47.06%，期限为 11～15 年的占 29.41%，期限为 16 年及以上的
占 3.92%；用于种植大棚蔬果的农地，期限为 1 年的占 13.10%，
期限为 2～5 年的占 36.90%，期限为 6～10 年的占 2.38%，期限
为 11～15 年的占 36.90%，期限为 16 年及以上的占 10.71%；用
于种植葡萄的农地，期限为 2～5 年的占 27.89%，期限为 6～10
年的占 5.79%，期限为 11～15 年的占 56.32%，期限为 16 年及
以上的占 10.00%。

六　农地流转租金

（一）地块特征与租金

样本地块有 9.85% 没有收取任何形式的租金。现金是土地租金
的主要形式。收取租金的地块，97.22% 以现金支付租金，2.04%
以粮食支付租金，0.74% 以红利支付租金。

从地块面积与租金支付的关系来看，面积越大收取租金的比重
越高。由表 4 - 22 可知，面积不到 1 亩的地块有 85.35% 收取租金，
面积为 1～2 亩的地块有 92.74% 收取租金，面积为 2～3 亩的地块
有 93.75% 收取租金。从租金支付方式来看，地块面积越大，以现
金支付租金比重越低，以粮食和红利支付租金比重越高。面积不到

1 亩的地块全部以现金支付租金，面积为 1～2 亩的地块有 96.31%
以现金支付租金，面积为 2～3 亩的地块有 97.78% 以现金支付租
金，3 亩及以上的地块有 94.95% 以现金支付租金。

表 4-22 地块面积与租金形式

单位:%

地块面积	收租金比重	租金形式		
		现　金	粮　食	红　利
<1 亩	85.35	100.00	0.00	0.00
1～2 亩	92.74	96.31	2.76	0.92
2～3 亩	93.75	97.78	1.11	1.11
≥3 亩	88.39	94.95	4.04	1.01
总体	90.15	97.22	2.04	0.74

从地块距离与租金支付来看，距离为 400 米以下地块收取租金比重
相对高，距离为 400 米及以上地块收取租金比重相对低。从租金支付形
式来看，距离为 400 米以下地块以现金支付租金比重相对高，距离为
400 米及以上地块以现金支付比重相对低。由表 4-23 可知，距离不到
200 米的地块 90.19% 收取租金，收取租金地块有 98.74% 以现金支付租
金；距离为 200～400 米的地块有 93.02% 收取租金，收取租金地块有
99.38% 以现金支付租金；距离为 400 米及以上地块有 85.71% 收取租
金，收取租金的地块有 91.67% 以现金支付租金。

表 4-23 地块距离与租金形式

单位:%

地块距离	收租金比重	租金形式		
		现　金	粮　食	红　利
<200 米	90.19	98.74	1.26	0.00
200～400 米	93.02	99.38	0.00	0.63

地块距离	收租金比重	租金形式		
		现　金	粮　食	红　利
≥400 米	85.71	91.67	6.67	1.67
总体	89.95	97.30	2.12	0.58

（二）流转对象与租金

流转对象与农户关系亲疏对是否收取租金有影响。整体上，关系越亲近，收取租金的比重相对低，关系越疏远，收取租金的比重相对高。由表 4-24 可知，流转对象为亲戚朋友的地块有 55.38% 收取租金，流转对象为本村农民的地块有 83.95% 收取租金，流转对象为外村农民的地块有 99.04% 收取租金，流转对象为农业组织（公司企业和合作社）的地块全部收取租金，流转对象为村委会的农地有 98.43% 收取租金。

表 4-24　流转对象与租金形式

单位:%

流转对象	收租金比重	租金形式		
		现　金	粮　食	红　利
亲戚朋友	55.38	91.67	8.33	0.00
本村农民	83.95	94.12	5.88	0.00
外村农民	99.04	100.00	0.00	0.00
公司企业	100.00	100.00	0.00	0.00
合 作 社	100.00	50.00	0.00	50.00
村 委 会	98.43	99.20	0.00	0.80
总 　体	90.15	97.22	2.04	0.74

从租金支付方式来看，关系较亲近的，以粮食支付租金比重相对高，关系较疏远的，以现金支付租金比重相对高。由表 4-24 可

知，流转对象为亲戚朋友的农地有 91.67% 以现金支付租金，有
8.33% 以粮食支付租金；流转对象为本村农民的农地有 94.12% 以现
金支付租金，有 5.88% 以粮食支付租金；流转对象为外村农民和公
司企业的农地全部以现金支付租金；流转给合作社的农地有 50.00%
以现金支付租金，有 50.00% 以红利支付租金。流转给村委会的农地
有 99.20% 以现金结算租金，有 0.80% 的农地以红利支付租金。

（三）农地用途与租金

农地用途与是否收取租金有很强的相关关系。由表 4 - 25 可
知，用于种植粮棉油的农地有 66.09% 收取租金，用于种植桃树、
花卉苗木、大棚蔬果和葡萄的农地全部收取租金。

从农地租金支付方式来看，用于种植粮棉油的农地以现金支付
租金的比重相对低，用于种植经济作物的农地以现金支付租金比重
相对高。由表 4 - 25 可知，种植粮棉油的农地有 92.17% 以现金支
付租金，有 7.83% 以粮食支付租金；用于种植桃树、花卉苗木和大
棚蔬果的农地全部以现金支付租金；用于种植葡萄的农地有
97.56% 以现金支付租金，有 2.44% 以红利支付租金。

表 4 - 25　农地用途与租金形式

单位:%

用　　　途	收租金比重	租金形式		
		现　金	粮　食	红　利
粮棉油	66.09	92.17	7.83	0.00
桃　　树	100.00	100.00	0.00	0.00
花卉苗木	100.00	100.00	0.00	0.00
大棚蔬菜	100.00	100.00	0.00	0.00
葡　　萄	100.00	97.56	0.00	2.44
总　　体	89.76	97.29	2.13	0.58

七　农地流转形式

(一) 农地流转形式

根据村集体在农地流转中的行为，可以把农地流转的形式分为三类：农民自发型流转、集体参与型流转和集体主导型流转（见图 4-5）。

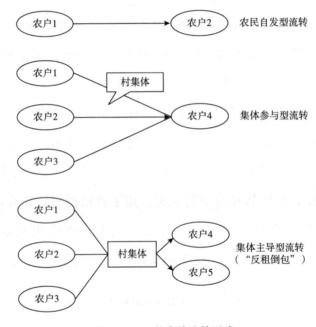

图 4-5　三种农地流转形式

农民自发型流转有以下特点。（1）农户一对一流转。农户自发型流转一般发生在两个农户之间，即使同一农户从多个农户转入农地，多个农户之间也不相互关联。（2）流转对象多是亲戚朋友或邻近村民。（3）流转后农地种植粮食、棉花和油菜。（4）流转期限不固定，合同一年一订。虽然期限不固定，但流转关系一般稳定。

合同一年一订主要是为了规避物价变动和承租人违约的风险。(5) 租金较低，甚至为零。农户自发型流转一般是家庭劳动力转移或其他原因不愿意继续经营农地的农户为了避免土地荒芜或被其他农户侵占把农地向外流转，收取的租金较低。(6) 口头约定，较少使用中介和担保。由于流转发生在亲戚朋友和本村农民之间，交易双方主要靠交往频繁和相互信赖的人际关系降低交易费用和规避风险。

集体参与型流转有以下特点。(1) 农户多对一流转。集体参与型流转一般发生在多个农户和一个农户之间。农户流转的农地彼此相连，坐落在相同位置。多个农户彼此捆绑与同一农户签订流转合同（见附件二）。(2) 流转对象大多是外来农民、公司企业和合作社。(3) 流转后农地种植经济作物。(4) 流转期限固定，一般较长。流转后农地种植的农作物生长周期较长，需要稳定、长期的农地经营权。(5) 租金较高，大多以现金支付。农地租金一般根据物价或粮价浮动。(6) 签订书面合同，一般由村干部介绍和担保。因为转入农地的外来农户和农业组织与农户关系不亲密，所以签订规范的书面合同要对交易双方的权利与责任进行明确界定。这种类型的农地流转主要以农户捆绑来降低转出农户违约的风险，以村干部中介和担保来降低交易费用，以村集体向转入方收取违约金规避转入方违约风险。

集体主导型流转又称为"反租倒包"，指的是村集体向农户支付一定的租金，收回农户的农地使用权，对土地整理后再向外流转。转入农地的农户可能是当地种植大户，也可能是外来农户或农业组织。集体主导型流转有以下特点。(1) 村集体主导，农户一般只能服从安排。(2) 流转期限一般不固定。(3) 村集体收回土地后，一般对土地进行整理和建设农业设施。(4) 农地转入方可能是本村农民和外村农民，也可能是农业组织。（5）转出农户与村集体不签订流转合同，转入农户与村集体签订明确的书面合同。（6）村集体收取的租金按照合同约定，村集体支付给农户的租金一般根据物价或粮食价格进行浮动。

（二）村集体行为

农地在亲戚朋友和普通村民之间流转时，人际关系能起到降低交易费用和规避风险的作用。但人际关系的作用范围只限于村庄内部。当农地由外来农民或公司企业流转时，村集体行政力量能降低交易费用和规避风险。

根据村集体介入深度，可以把农地流转分为村集体参与型流转和村集体主导型流转。在村集体参与型流转方式中，村集体对农地流转介入不深，只在其中发挥中介和担保作用；在村集体主导型流转方式中，村集体对农地流转介入较深，以"返租倒包"形式主导农地流转。从调查情况看，农民对村集体参与型农地流转比较满意，但对村集体主导型农地流转态度差别较大。一部分农民明确表示赞成，一部分农民明确表示不情愿和反对。

农民对"反租倒包"态度分歧，一是因为农户分化，二是因为村集体角色冲突。经济快速发展使得农户逐步走向分化，一部分农户家庭劳动力主要在非农产业就业，收入对农业依赖较弱，经营农地机会成本较高；一部分农户家庭劳动力主要在农业领域就业，收入对农业依赖较强，经营农地不仅能获得种植业收入，而且能增加养殖业收入。对于前一部分农民，"返租倒包"能为其流转农地省去麻烦；对于后一部分农民，"返租倒包"会减少其收入。虽然"反租倒包"也能把土地流转给后一部分农民，但这种情况并不多见。因为，农地流转同时意味着种植业调整，农户短时间很难掌握新作物的种植技术。村集体是最基层的行政组织，在日常工作中要扮演多种角色，而且角色之间常常产生冲突。村集体是农村社区的管理者、农村土地的发包方、国家农业政策的执行者。在农地流转中，角色冲突使村集体在农地流转中很容易侵害农民的农地收益。

八 本章小结

本章以农地地块特征、流转对象和农地用途为"经"，以农地流转中介、担保、合同、期限和租金形式为"纬"，分析农地流转机制。本章研究结果表明：农地流转合约的选择与农地流转对象和流转后农地用途密切相关。

流转给亲戚朋友和本村农民的农地，流转后主要种植粮棉油，农地用途很少发生改变，农地流转很少使用中介和担保，中介人和担保人也多是亲戚朋友或普通村民，农地的流转期限大多不固定，收取的租金较低甚至不收取租金，流转一般不签订书面合同。流转给外来农民、公司企业、合作社和村委会的农地，流转后主要种植经济作物，农地流转大多使用中介和担保，中介人和担保人多是村干部，农地的流转期限大多固定，收取的租金较高，而且租金大多以现金结算，大多签订规范的书面合同。农地流转合约的选择是理性的。在农地流转中交易者根据交易对象和农地用途选择合适的流转合约，以达到降低交易费用和规避风险的目的。

村集体的介入能为农地流转提供中介和担保服务，为农地流转降低交易费用和规避风险。但同时也要看到，村集体对农地流转介入过深，会影响农户的自主经营，侵害农户的农地收益。

第五章　农地流转动力

在工业化过程中，农业部门产品市场和要素市场的变化要求农地在不同用途和不同生产者之间流动，这是农地流转的主要动力。农地流转是农业部门产品市场和其他要素市场共同作用的结果。本章将从种植业调整和劳动力转移两个方向出发，实证研究工业过程中农户农地流转行为，分析农地市场能否根据农业部门产品市场和要素市场的变化在不同生产者之间合理配置土地资源。

一　理论分析

农户分化是农地流转基础。研究借鉴农户模型构造农地市场模型，利用市场模型分析种植业调整和劳动力转移对农地流转的影响，提出研究假说以备检验。

（一）农地市场模型

研究借鉴 Yao（2000）、Carter 和 Yao（2002）、Deininger 和 Jin（2005，2007）和 Feng 和 Heerink（2008）发展的农户模型构造农地市场的供给曲线和需求曲线。为了简化分析，笔者省略了原模型中关于交易费用的考察。理论分析基于以下假设进行：（1）农户是理性经济人，追求利润最大化，根据农业部门产品市场和要素市场价格变化配置生产要素；（2）农户能使用的生产要素只有劳动和土地；（3）土地只能用于种植业经营；（4）不存在农业劳动力雇佣市场。

假设农户甲有土地 T_1、劳动力 L_1，农业生产函数为 p_1e_1Q （L_A, T_A）。T_A 和 L_A 是其用于农业生产的土地和劳动。$Q'_L > 0$，$Q'_T > 0$，且 Q 对于 L 和 T 严格凹。在农业生产中，土地和劳动是互补的，即 $\partial^2 Q/\partial L\partial T > 0$。$p_1$ 是农产品价格，e_1 是农地经营能力。$T_1 - T_A$ 是农户土地流转数量，r 是土地租金。$L_1 - L_A$ 是农户非农就业劳动，θ_1 是农户非农就业能力，w 是非农就业工资。农户甲的收入函数可写为：

$$\text{Max}\pi_1\ (L_A,\ T_A)\ = p_1e_1Q(L_A,\ T_A) + \theta_1 w(L_1 - L_A) + r\ (T_1 - T_A) \tag{1}$$

$s.t.$

$$0 \leq L_A \leq L_1$$

$$T_A \geq 0$$

农户实现收入最大化的条件是：

$$\frac{\partial \pi_1}{\partial L_A} = \frac{\partial \pi_1}{\partial T_A} \tag{2}$$

因为 $\dfrac{\partial \pi_1}{\partial L_A} = p_1 e_1 \dfrac{\partial Q}{\partial L_A} - \theta_1 w, \dfrac{\partial \pi_1}{\partial T_A} = -p_1 e_1 \dfrac{\partial Q}{\partial T_A} + r$，所以

$$p_1e_1(Q'_{L_A} + Q'_{T_A}) - \theta_1 w = r \tag{3}$$

式（3）是农户甲的土地边际收益曲线，也是其土地供给曲线和需求曲线。当土地租金高于农户边际收益时，农户向外流转

土地；当土地租金低于农户边际收益时，农户向内流转土地（见图5-1）。

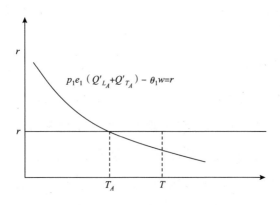

$$p_1e_1(Q'_{L_A}+Q'_{T_A}) - \theta_1 w = r$$

图5-1 农户农地供给曲线和需求曲线

假设农地市场有甲、乙两个农户（见图5-2）。甲生产产品1，乙生产产品2。农户甲和乙的供给曲线和需求曲线分别为：

$$农户甲： p_1e_1(Q'_{L_A} + Q'_{T_A}) - \theta_1 w = r \tag{4}$$

$$农户乙： p_2e_2(Q'_{L_A} + Q'_{T_A}) - \theta_2 w = r \tag{5}$$

由图5-2可知，土地流转量受土地初始分配和农户比较优势差异影响。农产品价格和工资变化影响农户比较优势发挥。为了简化分析，假设农户甲在非农经营上有比较优势，农户乙在农地经营上具有比较优势，即 $\theta_1 > \theta_2$，$e_2 > e_1$。土地将由农户甲向农户乙流转，交易量为 $T_1 - T_A$，租金为 r。

（二）农地流转分析

把农户甲和乙的需求曲线与供给曲线分别简写为 $r_1(T)$ 和 $r_2(T)$。$r_1^*(T)$ 和 $r_2^*(T)$ 是农户在农产品价格和非农就业工资变化后的需求曲线和供给曲线。

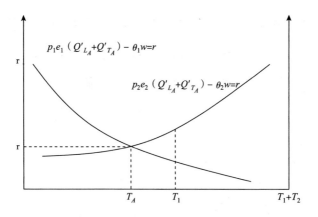

图 5 - 2　农户甲和乙的农地流转

1. 种植业调整与农地流转

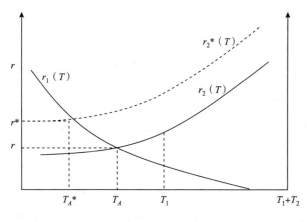

图 5 - 3　种植业调整与农地流转

假设消费者对产品 2 的需求增加，导致产品 2 价格上升。产品 2 价格上升导致农户乙在土地市场的需求曲线和供给曲线上升。在图 5 - 3 中，曲线 $r_2(T)$ 上升到 $r_2^*(T)$，土地将由甲向乙流转。农地流转量增加为 $T - T_A^*$，土地租金由 r 上升到 r^*。

2. 劳动力转移与农地流转

假设工资上升吸引劳动力转移。农户甲和乙的供给曲线和需求

曲线都将向下移动。由于农户甲在非农就业方面有优势，即 $\theta_1 >$
θ_2，在图 5-4 中农户甲的曲线下降幅度更大。土地由甲向乙流转。
农地流转量增加为 $T - T_A^*$，土地租金由 r 下降到 r^*。

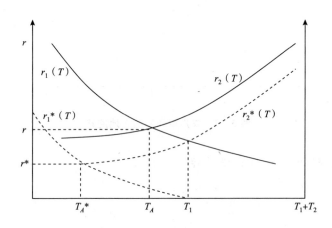

图 5-4 劳动力转移与农地流转

(三) 研究假说提出

根据以上理论分析，有以下假说可供实证检验。

假说一：种植业调整促进农户间农地流转。

消费者需求变化要求种植业进行调整。农户将根据自己的比较
优势决定是否调整。进行种植业调整的农户将通过农地市场转入农
地，扩大种植规模；未进行种植业调整的农户将转出土地，收取
租金。

假说二：劳动力转移促进农户间农地流转。

非农就业工资上升吸引农业劳动力转移，导致经营农地机会成
本上升。家庭劳动力转移程度高的农户将转出农地，收取租金；劳
动力转移程度低的农户将转入土地，扩大经营规模。

假说三：种植业调整促进农地租金上升。

农产品价格上升引发农户种植业调整。种植业调整增加农户农地需求，推动农地需求和供给曲线上升，农地租金上涨。

假说四：劳动力转移促进农地租金下降。

非农就业工资上升吸引劳动力转移，导致经营农地机会成本上升。机会成本上升减少农地需求，推动农地需求和供给曲线下降，农地租金下跌。

本章后续部分将对假说一和假说二进行实证检验。假说三和假说四的检验将在本书第六章进行。

二 实证检验

（一）计量模型构建

农户农地流转行为包括是否流转和流转数量。研究使用虚拟变量是否转出农地和是否转入农地衡量农户是否流转农地，用连续变量转出农地面积和转入农地面积衡量农户流转农地数量。如果农户转出农地，变量是否转出农地赋值为 1，否则为 0；如果农户转入农地，变量是否转入农地赋值为 1，否则为 0。事实上，农户农地流转行为包括只转入、只转出、自己自足和同时转入转出四种。但样本中只有少量农户同时转入转出农地，因此研究忽略对这种农地流转行为的考察。连续变量转出农地面积和转入农地面积的赋值是农户实际转入或转出农地的面积。在计量分析中，probit 模型适用于因变量为虚拟变量的回归分析，tobit 模型适用于因变量在严格为正且大致连续，但总体中有一个不可忽略部分取值为零的回归分析（伍德里奇，2003）。因此，当因变量为虚拟变量时，回归使用 probit 模型；当因变量为连续变量时，回归使用 tobit 模型。没有农地的农户不可能转出农地，因此在因变量为是否转出农地和转出农地面积时，回归分析删除了农地面积为0的观察值。

模型引入了三组自变量，分别是户主特征、家庭特征和地区变量。

户主特征包括年龄、年龄平方和受教育年数三个变量。年龄和年龄平方是户主2010年的实际年龄及其平方。根据生命周期，年龄适中的农民年富力强，可能更愿意转入农地，年纪较轻或较大的农民可能更愿意转出农地。因此，变量年龄在因变量为是否转出农地和转出农地面积时，系数符号预期为正；在因变量为是否转入农地和转入农地面积时，系数符号预期为负；变量年龄平方在因变量为是否转出农地和转出农地面积时，系数符号预期为负，在因变量为是否转入农地和转入农地面积时，系数符号预期为正。受教育年数是户主在学校接受的全日制受教育年数。受教育年数越多，农民参与非农就业的可能性越高。因此，在因变量为是否转出农地和转出农地面积时，变量受教育年数的系数符号预期为正；在因变量为是否转入农地或转入农地面积时，符号预期为负。

表5-1 变量的定义与赋值

变 量	定义与赋值	系数预期符号	
		转出	转入
因变量			
Y_1（是否转出农地）	农户转出农地赋值为1，否则为0		
Y_2（是否转入农地）	农户转入农地赋值为1，否则为0		
Y_3（转出农地面积）	农户转出农地的实际面积，单位：亩		
Y_4（转入农地面积）	农户转入农地的实际面积，单位：亩		

变　　量	定义与赋值	系数预期符号	
		转出	转入
自变量			
X_1（年龄）	户主实际年龄，单位：岁	+	−
X_2（年龄平方）	户主实际年龄平方，单位：平方岁	−	+
X_3（受教育年数）	户主受教育年数，单位：年	+	−
X_4（家庭劳动力）	农户家庭劳动力数，单位：人	−	+
X_5（参与农业老人）	农户参与农业经营的老人数，单位：人	−	+
X_6（人均农地面积）	农户人均拥有农地面积，单位：亩/人	+	
X_7（人均年收入）	农户家庭人均年收入，单位：千元/人	+/−	+/−
X_8（种植业调整）	农户做出种植业调整赋值为1，否则为0	−	+
X_9（劳动力转移）	就业以非农为主的家庭劳动力比重，单位：%	+	−
X_{10}（无锡）	无锡地区的农户赋值为1，否则为0	+	−
X_{11}（南通）	南通地区的农户赋值为1，否则为0	+	−

　　家庭特征包括家庭劳动力、参与农业老人、人均农地面积、人均年收入、种植业调整和劳动力转移六个变量。家庭劳动力指农户家庭成员中，年龄在16至60岁，在农业或非农产业就业的劳动力数量。参与农业老人指农户家庭成员中年龄在60岁以上且参与农业经营的老人数量。人均农地面积是农户家庭成员平均拥有的农地面积，单位为亩/人。人均年收入是农户2010年的人均收入，单位为千元/人。变量家庭劳动力、参与农业老人、人均农地面积和人均年收入代表农户的资源禀赋。理论上，劳动力资源丰富、农地资源贫乏的农户更愿意转入农地，劳动力资源贫乏、农地资源丰富的农户更愿意转出农地。因此，变量家庭劳动力、参与农业老人在因变量为是否转出农地和转出农地面积时的系数符号预期为负，在因变量为是否转入农地和转入农地面积时的系数预期为正。变量人均

农地面积在因变量为是否转出农地和转出农地面积时系数符号预期为正，在因变量为是否转入农地和转入农地面积时系数符号预期为负。变量人均年收入回归系数的符号预期则比较复杂，一方面，收入高说明农户的资本丰富，投资农业实力强，可能转入大量农地；另一方面，农户资本可能是在经营非农产业中积累起来，可能反而愿意转出农地。

表 5 - 2 展示了自变量和因变量的主要统计值。

表 5 - 2　变量的统计指标

变　　量	平均值	标准差	最小值	最大值
因变量				
Y_1（是否转出农地）	0.43	0.50	0	1
Y_2（是否转入农地）	0.09	0.29	0	1
Y_3（转出农地面积）	1.07	1.59	0	10
Y_4（转入农地面积）	2.40	15.09	0	250
自变量				
X_1（年龄）	57.09	10.63	15	84
X_2（年龄平方）	3371.70	1192.97	225	7056
X_3（受教育年数）	7.27	3.37	0	15
X_4（家庭劳动力）	2.28	1.24	0	6
X_5（参与农业老人）	0.56	0.80	0	4
X_6（人均农地面积）	1.14	1.29	0	13.33
X_7（人均年收入）	17.31	28.34	0	580
X_8（种植业调整）	0.02	0.16	0	1
X_9（劳动力转移）	82.83	29.28	0	100
X_{10}（无锡）	0.42	0.49	0	1
X_{11}（南通）	0.27	0.44	0	1

自变量种植业调整、劳动力转移是模型的关键变量，用于检验假说一和假说二。种植业调整是虚拟变量，衡量农户是否做了

种植业调整。如果农户已经做出种植业调整，全部或部分农地采用了新的农作制度，则赋值为 1，种植传统作物赋值为 0。农地全部向外流转的农户按照其最后经营农地的情况赋值。变量劳动力转移指农户家庭劳动力中主要或完全在二、三产业就业的劳动力比重。农户家庭劳动力数量为 0 时，变量劳动力转移赋值为 100%。根据假说一和假说二，变量种植业调整在因变量为是否转出农地和转出农地面积时系数符号预期为负，而在因变量为是否转入农地和转入农地面积时系数符号预期为正。变量劳动力转移在因变量为是否转出农地和转出农地面积时系数符号预期为正，在因变量为是否转入农地和转入农地面积时系数符号预期为负。

变量无锡和南通是地区虚拟变量。如果农户所在地为无锡，变量无锡赋值为 1，否则赋值为 0。如果农户所在地为南通，变量南通赋值为 1，否则为 0。第四章的统计分析显示，无锡和南通地区的农地市场比较开放，转出农地农户较多，转入农地农户较少，因此变量无锡和南通在因变量为是否转出农地和转出农地面积时系数预期为正，在因变量为是否转入农地和转入农地面积时系数预期为负。

（二）回归结果分析

表 5-3 和表 5-4 展示的是 probit 和 tobit 模型回归结果。从各模型的对数似然值（Log likelihood）、卡方统计值（LR chi2（11））和拟 R-平方（Pseudo R^2）值可知，模型显著，且拟合程度较好，解释变量达到对农户农地流转行为的解释要求。而且，变量的符号和系数符合经济意义，可用于进一步分析。

表 5 - 3　probit 模型回归结果

自变量	因变量 = Y_1（是否转出农地）		因变量 = Y_2（是否转入农地）	
	系数	z 值	系数	z 值
X_1（年龄）	- 0.0125	- 0.27	0.0121	0.19
X_2（年龄平方）	0.0002	0.40	- 0.0001	- 0.17
X_3（受教育年数）	0.0088	0.45	- 0.0142	- 0.55
X_4（家庭劳动力）	- 0.2100 ***	- 3.29	0.0321 **	2.37
X_5（参与农业老人）	- 0.5761 ***	- 5.94	0.1987	1.49
X_6（人均农地面积）	0.0311 **	2.47	- 0.0699	- 1.19
X_7（人均年收入）	0.0125	0.52	- 0.0011	- 0.36
X_8（种植业调整）	- 1.2485 **	- 2.10	2.6217 ***	6.33
X_9（劳动力转移）	0.0129 ***	4.74	- 0.0130 ***	- 4.80
X_{10}（无锡）	1.2636 ***	6.63	- 0.7536 ***	- 3.33
X_{11}（南通）	1.4504 ***	7.52	- 0.8894 ***	- 3.45
常数项	- 1.5645	- 1.20	- 0.6641	- 0.38
观　察　值	639		669	
对数似然值	- 313.8610		- 147.0882	
卡方统计值	253.03		118.84	
拟 R - 平方	0.2873		0.2877	

注：*、** 和 *** 分别表示在10%、5%和1%水平上显著。

表 5 - 4　tobit 模型回归结果

自变量	因变量 = Y_3（转出农地面积）		因变量 = Y_4（转入农地面积）	
	系数	t 值	系数	t 值
X_1（年龄）	- 0.0156	- 0.17	0.2742	0.09
X_2（年龄平方）	0.0002	0.28	- 0.0054	- 0.19
X_3（受教育年数）	0.0240	0.59	0.2391	0.18
X_4（家庭劳动力）	- 0.0980 **	- 2.77	0.0064 **	2.00
X_5（参与农业老人）	- 1.0079 ***	- 5.02	13.1479	0.87
X_6（人均农地面积）	0.4256 ***	3.43	- 5.1747	- 1.62
X_7（人均年收入）	0.0067 *	1.75	- 0.1586	- 1.39
X_8（种植业调整）	- 2.4507 *	- 1.76	97.1316 ***	5.64

续表

自变量	因变量 = Y_3（转出农地面积）		因变量 = Y_4（转入农地面积）	
	系　　数	t 值	系　　数	t 值
X_9（劳动力转移）	0.0368 ***	5.92	− 0.8328 ***	− 5.69
X_{10}（无锡）	2.9680 ***	6.91	− 20.7026 *	− 1.77
X_{11}（南通）	3.1913 ***	7.38	− 43.6842 ***	− 3.07
常数项	− 5.5068 **	− 2.11	− 5.7998	− 0.07
观　察　值	639		669	
对数似然值	− 855.4483		− 424.0824	
卡方统计值	207.75		114.33	
拟 R – 平方	0.1083		0.1188	

注：* 、** 和 *** 分别表示在 10% 、5% 和 1% 水平上显著。

从各变量的系数和统计指标来看：

户主特征变量的系数符号与预期相符，但都没有通过显著性检验，即户主特征对农户农地流转行为影响不显著，这与以往学者的研究结论存在差异。出现这一情况的原因可能是样本户主年纪普遍较大，教育水平普遍偏低。从年龄来看，户主平均年龄为 57.09 岁，年龄 40 岁以下户主占 11.04%，40 ~ 50 岁户主占 22.69%，50 ~ 60 岁户主占 25.67%，60 ~ 70 岁户主占 29.40%，70 岁以上户主占 11.19%；从受教育年数来看，户主平均受教育年限为 7.27 年，未受过教育户主占 11.11%，受教育 1 ~ 3 年户主占 6.52%，受教育 4 ~ 6 年户主占 6.52%，受教育 7 ~ 9 年户主占 44.19%，受教育 10 ~ 12 年户主占 10.52%，受教育 13 ~ 15 年户主占 5.48%。户主整体年龄老化，教育水平偏低，可能是户主特征在模型中不显著的原因。

地区变量无锡和南通的系数符号与预期相符，且分别在不同水平上通过显著性检验。回归结果与第四章统计分析结果一致，无锡和南通的农地市场相对开放，外来农民和农业组织（公司企业和合作社）参与农地流转，当地农户主要向外转出农地，很少向内转入农地。

关键变量种植业调整和劳动力转移的系数符号与预期相符，且在不同水平上通过了显著性检验，假说一与假说二通过检验。回归结果表明：

农地由未做出种植业调整的农户向已经做出种植业调整的农户流转。在 probit 模型中，当因变量为是否转出农地时，自变量种植业调整的系数为负，且在 1% 水平上通过了显著性检验。因变量为是否转入农地时，自变量种植业调整的系数为正，且在 5% 水平上通过了显著性检验。在 tobit 模型中，当因变量为转出农地面积时，自变量种植业调整的系数为负，且在 10% 水平上通过了显著性检验。当因变量为转入农地面积时，自变量种植业调整的系数为正，且在 1% 水平上通过了显著性检验。变量种植业调整的系数符号与假说一的预期一致，假说一通过实证检验。因此，种植业调整促进农地流转。在种植业调整过程中，农地由未做出种植业调整的农户向已经做出种植业调整的农户流动。农地市场根据种植业调整在不同生产者之间合理配置资源。

农地由家庭劳动力转移程度高的农户向劳动力转移程度低的农户流转。在 probit 模型中，当因变量为是否转出农地时，自变量劳动力转移的系数为正，且在 1% 水平上通过了显著性检验。当因变量为是否转入农地时，自变量劳动力转移的系数为负，且在 1% 水平上通过了显著性检验。在 tobit 模型中，当因变量为转出农地面积时，自变量劳动力转移的系数为正，且在 1% 水平上通过了显著性检验。当因变量为转入农地面积时，自变量劳动力转移的系数为负，且在 1% 水平上通过了显著性检验。无论是在 probit 模型中，还是在 tobit 模型中，变量劳动力转移的系数符号与假说二的预期一致，假说二通过检验。因此，劳动力转移促进农地流转。农业劳动力转移时，农地通过农地市场由劳动力转移程度高的农户向劳动力转移程度低的农户流转。

除此之外，回归结果还显示：

农地由农地资源丰富的农户向劳动力资源丰富的农户流转。在 probit 模型中，当因变量为是否转出农地时，变量家庭劳动力的系数为负，人均农地面积的系数为正，且分别在 1% 和 5% 水平上通过显著性检验。当因变量为是否转入农地时，变量家庭劳动力的系数为正，且在 5% 水平上通过了显著性检验；人均农地面积的系数为负，没有通过显著性检验。在 tobit 模型中，当因变量为转出农地面积时，变量家庭劳动力的系数为负，变量人均农地面积的系数为正，且分别在 5% 和 1% 水平上通过了显著性检验。当因变量为转入农地面积时，变量家庭劳动力的系数为正，且在 5% 水平上通过了显著性检验；变量人均农地面积的系数为负，没有通过显著性检验。因此，劳动力资源丰富的农户倾向于转入农地，农地资源丰富的农户倾向于转出农地。农地流转能起到在劳动力之间平均分配农地资源的作用。

农业经营者老龄化抑制农地流转。在 probit 和 tobit 模型中，变量参与农业老人的系数在因变量为是否转出农地或转出农地面积时为负，且都在 1% 水平上显著；在因变量为是否转入农地或转入农地面积时为正，但都不显著。老人参与经营对农户向外流转农地有显著的负作用，但对农户转入农地则影响不显著。因此，老年人经营农业倾向于自己自足，农业老龄化不利于农户间农地流转。

资本对农地流转的影响不显著。研究引入变量人均年收入来表征农户的资本水平。在 probit 模型中，变量人均年收入的系数在因变量为是否转出农地时为正，在因变量为是否转入农地时为负，但都没有通过显著性检验。在 tobit 模型中，变量人均年收入在因变量为转出农地面时系数为正，在因变量为转入农地面积时系数为负，但只有在因变量为是否转出农地面积时，在 10% 水平上通过显著性检验。因此，虽然资本丰富的农户倾向于转出农地，资本贫乏的农户倾向于转入农地，但整体上这一趋势并不明显。资本差异对农地流转影响不显著可能是因为：第一，很多农户的资本是在二、三产业中积累起来的；第二，农地流转不是农地买卖，支付金额不高；第三，样本未包括资本实力强的农业组织。

综上所述，农户的农地流转行为与理论分析一致，农地的流转方向符合资源有效配置的要求，这表明农地市场能够根据农业部门产品市场和要素市场的变化在不同生产者之间配置资源。

三　本章小结

根据理论分析和实证检验，本章有以下主要结论。

经济发展从两方面影响农地流转。一方面，消费者对农产品的需求随收入增加发生改变，要求种植业进行调整。另一方面，二、三产业扩大，吸引农业劳动力大量转移。种植业调整和劳动力转移分别从产品市场和要素市场影响农地流转，是工业化过程中农户农地流转的主要动力。

受种植业调整、劳动力转移和资源禀赋差异影响，农户之间的农地流转表现出三个主要方向。第一，农地由未做出种植业调整的农户向已经做出种植业调整的农户流转；第二，农地由劳动力非农就业程度高的农户向劳动力非农就业程度低的农户流转；第三，农地由土地资源丰富的农户向劳动力资源丰富的农户流转。农地流转方向表明，农地市场能够根据农业部门产品市场和要素市场变化在不同生产者之间配置农地资源。

农业经营者老龄化抑制农地流转。老人接管农业对农户向外流转土地有显著的负作用，但对农户转入土地影响不显著。老人经营农业趋向于自给自足，不利于农户间的农地流转。

第六章　农地流转障碍

市场是"看不见的手"，在生产者之间配置资源。价格在市场中引导资源流动，是配置资源的工具。资源自由流动时，同一资源在不同用途和不同生产者中的边际产出会趋于相同，资源市场价格分布会趋于集中。相反，当流动受阻碍时，资源的价格分布会趋于分离。基于此，本章将通过考察农地租金分布，分析农地流转障碍。

一　农地租金分布

由第四章分析可知，参与流转的地块，一部分没有收取任何形式的租金，一部分以粮食支付租金，流转期限1年以上地块的租金逐年变动，因此，在分析租金分布之前需要对租金进行统一。在本章中，没有支付或收取租金的地块，租金记为0元/亩；以粮食支付租金的地块，按照约定粮食的品种、数量和当年价格进行折算；租金的统计以2010年为目标年。下面从地块特征、流转对象、农地用途和地理区位四个方面考察农地租金分布情况。

（一）地块特征与租金分布

样本地块租金差异较大，租金最低的为0元/亩，最高的为

2000 元/亩，平均租金为 668.91 元/亩。整体上，租金分布在两个高低不同的价格区间中（见图 6 - 1）。租金在 7 百元/亩以下的地块相对较少，占 28.84%；租金在 7 百元/亩及以上的地块相对较多，占 71.16%。

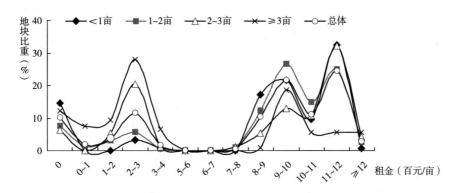

图 6 - 1 地块面积与租金分布

从地块大小与租金的关系来看，面积较小地块的租金相对高，面积较大地块的租金相对低。面积在 1 亩以下地块的平均租金为721.59 元/亩，1～2 亩地块平均租金为 737.69 元/亩，2～3 亩地块平均租金为 666.67 元/亩，3 亩及以上地块平均租金为 446.38 元/亩。

不同面积的地块在两个价格区间均有分布。面积不到 1 亩的地块，租金在 4 百元/亩以下的占 18.47%，租金在 8 百元/亩及以上的占 91.63%；面积为 1～2 亩的地块，4 百元/亩以下的占17.90%，租金在 7 百元/亩及以上占 82.10%；面积为 2～3 亩地块，租金在 4 百元/亩以下的占 63.55%，租金在 8 百元/亩及以上的地块占 36.45%；面积为 3 亩及以上地块，租金在 4 百元/亩以下的占 28.84%，租金在 7 百元/亩及以上的占 71.16%。整体上，小面积地块在低价格区间分布相对较多，在高价格区间分布相对较少；大面积地块在低价格区间分布相对较少，在高价格区间分布相对较多。

从地块远近与租金的关系来看，地块与农户住宅距离越近，地块租金相对较高；地块距离越远，地块租金相对较低。距离不到 200 米的地块的平均租金为 704.04 元/亩，200～400 米的地块的平均租金为 703.12 元/亩，距离为 400 米及以上地块的平均租金为 544.88 元/亩。

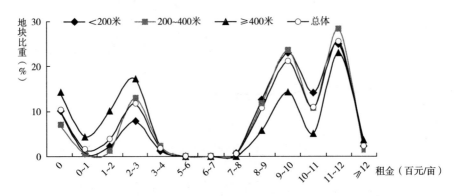

图 6 - 2　地块距离与租金分布

从租金分布来看，不同距离地块在两个价格区间均有分布。距离不到 200 米的地块，租金在 4 百元/亩以下的占 22.27%，租金在 7 百元/亩及以上的占 77.73%；距离为 200～400 米的地块，租金在 4 百元/亩以下的占 24.12%，租金在 7 百元/亩及以上占 75.88%；距离为 400 米及以上地块，租金在 4 百元/亩以下的占 48.20%，租金在 7 百元/亩及以上的地块占 51.80%。整体上，与农户住宅距离近的地块在低价格区间分布相对少，与农户住宅距离远的地块在高价格区间分布相对多。

面积大、距离近的地块价格低，面积小、距离远的地块价格高。这与常理不符。正常情况，应该是面积大、距离近的地块价格高，面积小、距离远的地块价格高。出现这一情况是因为盐城的地块面积较大，分布较远，但租金却偏低（见图6－5）。

（二）流转对象与租金分布

从流转对象与租金的关系来看，如图6－3所示，流转对象与农户关系亲近，农地租金相对低，流转对象与农户关系疏远，农地租金相对高。流转对象为亲戚朋友的地块，平均租金为110.59元/亩，流转对象为本村农民的地块，平均租金为864.36元/亩，流转对象为外村农民的地块，平均租金为864.36元/亩，流转对象为公司企业的地块，平均租金为866.67元/亩，流转对象为合作社的地块，平均租金为1000元/亩，流转对象为村委会的地块，平均租金为740.79元/亩。

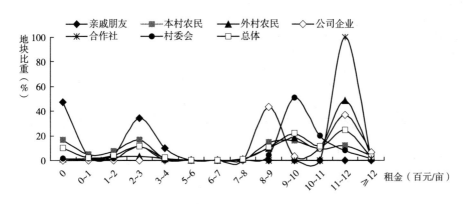

图6－3　流转对象与租金分布

从租金分布来看，流转对象为亲戚朋友的地块，租金都在4百元/亩以下；流转对象为农业组织（公司企业和合作社）的地块，租金都在7百元/亩以上；流转对象为本村农民、外村农民和村委会的地块，在高低两个价格区间均有分布。流转对象为本村农民的地块，租金在4百元/亩以下的占45.34%，租金在8百元/亩及以上的占64.66%；流转对象为外村农民的地块，租金在4百元/亩以

下的占 7.43%，租金在 7 百元/亩及以上的占 92.57%；流转对象
为村委会的地块，租金在 4 百元/亩以下的占 15.87%，租金在 8 百
元/亩及以上的占 84.13%。

(三) 农地用途与租金分布

从农地用途和租金的关系来看，如图 6－4 所示，用于种植粮棉
油的地块租金较低，用于种植经济作物的地块租金较高。用于种植
粮棉油的地块的平均租金为 135.49 元/亩，种植桃树的地块的平均租
金为 917.78 元/亩，用于种植花卉苗木的地块的平均租金为 878.46
元/亩，种植大棚蔬果的地块的平均租金为 877.17 元/亩，用于种植
葡萄的地块的平均租金为 894.34 元/亩。

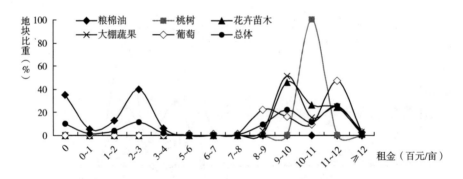

图 6－4 农地用途与租金分布

从租金分布来看，用于种植粮棉油的地块租金分布在低价格区
间，用于种植经济作物的地块分布在价格较高的区间。用于种植粮
棉油的地块，租金全部在 4 百元/亩以下，用于种植桃树、花卉苗
木、大棚蔬果和葡萄的地块，租金全部在 7 百元/亩及以上。

(四) 地理区位与租金分布

从地理区位与租金的关系来看，经济发达地区地块的租金相对
高，经济不发达地区地块的租金相对低。无锡农地的平均租金为

756.78 元/亩，南通农地的平均租金为 752.29 元/亩，盐城农地的平均租金为 272.48 元/亩。

从租金分布来看，不同地区地块在高低两个价格区间均有分布，但发达地区分布在高价格区间地块的比重相对较高，不发达地区分布在低价格区间的地块比重相对较低。无锡租金在 3 百元/亩以下的地块占 18.84%，租金在 8 百元/亩及以上的地块占 81.16%；南通无租金的地块占 13.76%，租金在 7 百元/亩及以上的地块占 86.24%；盐城租金在 4 百元/亩以下的地块占 85.29%，租金在 9 百元/亩及以上的地块占 14.71%。

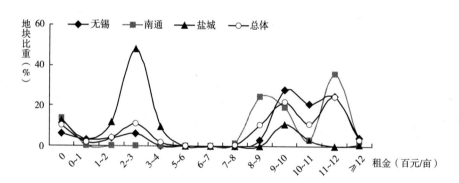

图 6-5 地理区位与租金分布

综上所述，不同地块特征（面积和距离）、流转对象和地理区位的农地租金集中分布在两个高低不同的价格区间。导致这一现象的原因是农地在两种用途（种植粮棉油和种植经济作物）之间流动不充分。土地资源并未在价格机制作用下充分流动。农地市场租金分布并不趋于集中，而是趋于分离。为了便于表述，本书把这一现象称为"租金分层"现象。"租金分层"现象说明，农地市场配置资源的作用受到限制，农地流转受到阻碍。"租金分层"现象产生，需要两个条件。一是市场上存在分离租金的动力；二是农地流动受到限制。本书将以这一思路，分析"租金分层"现象根源。

二 农地流转与租金

土地是农业部门重要的生产要素，在农业生产中与劳动、资本等生产要素一起发挥作用。农地租金由农产品价格和其他生产要素价格决定。在工业化进程中，农地流转主要受种植业调整和劳动力转移影响。

（一）农地租金分离

经济发展和收入增长导致国民消费结构变化。消费者对瓜果、蔬菜等农产品的需求增加，对粮食的需求减少。需求变化引起种植业结构发生改变。粮食等农作物播种面积不断下降，蔬菜、水果等农作物播种面积不断增加。进行种植业调整的农户向内转入农地，市场上农地流转的需求增加。如图 6-6（a）所示，需求曲线从 D_1 移动到 D_2，农地流转量从 L_0 增加到 L_1，农地租金从 R_0 上升到 R_1。

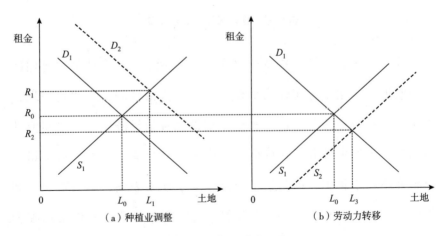

（a）种植业调整   （b）劳动力转移

图 6-6 农地流转与租金

在工业化过程中，劳动力从农业部门向工业部门转移是经济发展的必然趋势。我国经济快速发展，大量劳动力从农业转移到二、三产业。农业经营者老龄化现象严重。家庭劳动力转移后，农户经营农业的机会成本上升，促使农户向外转出农地。市场上农地流转的供给随着劳动力转移不断增加。如图6-6（b）所示，供给曲线从 S_1 移动到 S_2，农地流转量从 L_0 增加到 L_2，农地租金从 R_0 下降到 R_2。

综上所述，经济发展一方面促进种植业调整，一方面促进劳动力转移。虽然种植业调整和劳动力转移都能促进农地流转，但它们对租金影响却不同。种植业调整通过扩大需求促进农地流转，推动租金上涨；劳动力转移扩大供给促进农地流转，推动租金下降。种植业调整和劳动力转移，是促使租金分离的两种动力。

（二）农业生产函数

如果以上分析成立，农地"租金分层"应该发生在传统农作制度的边际生产率（影子地租）附近。因此，研究将通过估计传统农作制度的 C-D 函数，推导土地的影子地租，对图6-1~图6-5中的农地租金进行比较，以实证检验前面分析。

研究首先利用回归分析，拟合传统农作制度下农户的农业生产函数，获得土地、劳动和资本的弹性系数，然后将弹性系数与土地、劳动和资本的平均生产力相乘，计算影子地租、影子工资和影子利率。计算平均生产率用的农业产值不是实际数值，而是模型的拟合值（Fitted Value）$\hat{Q}$。

$$\text{C-D 函数形式为：} Q = AX^{\alpha}Y^{\beta}Z^{\chi} \tag{1}$$

其中，Q 是农户经营农地获得的总产值，单位为元。X 是农作物播种面积，单位为亩；Y 是农地经营中投入的劳动，单位为天，Z 是经营农地投入的费用，单位为元。函数对数化得到：

$$LnQ = LnA + \alpha LnX + \beta LnY + \chi LnZ \tag{2}$$

农户经营农地的影子地租、影子工资和影子利率为：

$$MPX = \alpha \times \frac{X}{} = \alpha \times APX \tag{3}$$

$$MPY = \beta \times \frac{Y}{} = \beta \times APY \tag{4}$$

$$MPZ = \chi \times \frac{Z}{} = \chi \times APZ \tag{5}$$

表 6 – 1 传统农作制度的农业生产函数

变量	无 锡		南 通		盐 城	
	系 数	t 值	系 数	t 值	系 数	t 值
LnX	0.3720 ***	5.48	0.5376 ***	9.53	0.5013 ***	8.89
LnY	0.0795 *	1.86	0.1851 ***	4.62	0.1623 ***	3.45
LnZ	0.6346 ***	12.83	0.2932 ***	8.60	0.4930 ***	7.60
常数项	2.6046 ***	8.90	4.5555 ***	22.09	6.5602 ***	13.60
观察值	129		133		181	
F 值	258.81		140.35		141.73	
$A - R^2$	0.8580		0.8303		0.7359	

注：*、*** 分别表示在 10%、1% 水平上显著。

表 6 – 1 展示的是利用最小二乘法估计的农业生产函数。从 F 值和调整后的 R^2 值可知，模型显著且拟合效果较好，可用于进一步分析。农业生产函数的邹氏检验（Chow Test）显示，三地农业生产函数具有结构变化，因此表 6 – 1 分列三地生产函数，未列三

个地区的生产函数。

（三）农地影子地租

表 6-2 展示的是生产要素的影子地租、影子工资和影子利率。无锡影子地租为 306.15 元/亩，南通影子地租为 420.91 元/亩，盐城影子地租为 393.70 元/亩。无锡和盐城地区的传统农作制度是一年两熟轮作制，南通地区的传统农作制度是两年四熟轮作制，盐城农作制度是一年两熟轮作制。拟合生产函数时，投入土地使用的是播种面积。因此，每年的地租大致是模型计算结果的两倍。乘以 2 后，无锡影子地租为 612 元/亩，南通影子地租为 842 元/亩，盐城影子地租为 787 元/亩。图 6-5 中，无锡农地租金在 300~600 元/亩出现分层，南通农地租金在 0~700 元/亩出现分层，盐城土地租金在 400~800 元/亩出现分层。租金分层发生在传统农作制度的边际生产率附近，与前面分析的预期一致。笔者对"租金分层"现象的解释通过检验。

表 6-2 土地、劳动和资本的边际生产率

单位：元/亩

	无　锡		南　通		盐　城	
	平均值	标准差	平均值	标准差	平均值	标准差
影子地租	306.15	55.85	420.91	44.15	393.70	51.13
影子工资	8.25	4.44	13.44	2.91	15.12	3.94
影子利率	1.16	0.09	1.18	0.07	1.13	0.07

三 租金分层根源

种植业调整推动租金上升，劳动力转移推动租金下降。这只能说明"租金分层"可能发生。只要家庭劳动力转移的农户都能把农地流转到进行种植业调整的农户手中，农地流转就不可能出现"租金分层"现象。那么，是什么因素限制了这种农地流转，使得农地无法在这两种供给和需求之间自由、充分流动？笔者认为，"租金分层"现象是农地细碎化和农地买卖市场缺乏导致的。

（一）农地细碎化严重

中国农地细碎化问题由来已久，成因复杂。20 世纪 20 年代卜凯（1936）对中国七省十五地的调查表明，"散漫田区的旷田制，确实是到处盛行。每一田区（Plot）常包括一坵（Field）或一坵以上之田地。在调查之十五个地区中，每一田场平均有 8.5 处田区，而每一田区平均有 0.39 公顷，……，最小的田区，在安徽之宿县，与江苏之武进，每区只有 0.01 公顷"。农业集体化时代，农地细碎化问题曾一度得到缓解。家庭联产承包责任制实施后，农地在农户间平均分配又使农地细碎化问题凸显。1984 年的调查显示，农户家庭平均经营 8.4 亩，9.7 块农地，农地均块面积仅为 0.87 亩（黄贤金等，2001）。随着劳动力转移和农地流转，农地细碎化程度呈现下降趋向（史清华，2003），但目前中国农地细碎化程度依然较高。2009 年（农村固定观察点办公室，2010）调查显示，全国每户农户平均经营耕地 7.16 亩，4.10 块，其中不足 1 亩的为 2.14 块/户，1~3 亩的为 1.14 块/户，3~5 亩的为 0.30 块/户，5 亩以上的为 0.25 块/户。与全国其他地区相比，江苏农户的土地面积更小，细碎化程度更高（见表 3-7、图 6-7）。

种植葡萄、大棚蔬果和花卉苗木等作物需要连片的大面积土地。每家每户自己所有的土地面积较小，且分散在不同地方，使得单个农户流转的农地很难满足种植新作物的要求。如果不在一定范围内，因家庭劳动力转移想转出农地的农户很难单独地把农地租给种植大户，只能接受较低的租金，把农地租给种植传统农作物的农

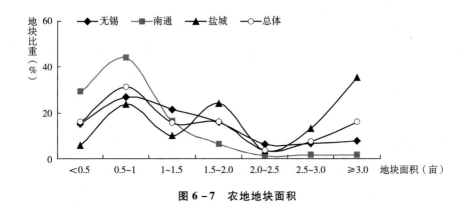

图 6 - 7 农地地块面积

户。相反，农地在同一位置的农户家庭劳动力转移程度不同，经营农地的机会成本有高有低，种植大户要想包入这一片土地，就得支付不低的租金。农地细碎化，一方面使想包入大片农地的农户要面对经营农地机会成本不同的农户，而又无法对其中任何一个农户实现价格歧视；另一方面使有些想转出农地的农户无法把农地流转到出价高的种植大户手中。农地经营机会成本很高的农户只能接受较低的租金，把农地流转给种植传统作物的农户。这是农地流转"租金分层"现象的主要原因。

（二）农地买卖市场缺乏

除了农地细碎化外，缺乏农地买卖市场可能也是农地流转发生"租金分层"现象的原因。

现有研究认为在许多条件下农地租赁市场要优于农地买卖市场，但在土地高度细碎化情况下则不然。通常情况下以租赁方式交易土地无须把大量资本锁定在土地上（交易仅需要少量资本支出，可以把大量资本用于生产投资），可以利用分成合约克服劳动力、保险、信贷、管理和监督等市场缺陷，土地更容易从当前所有者向更有效率的生产者重新分配，交易成本也较低（de Janvry et al.,

2001)。在信用市场不完善时，土地价值包括两个部分，一个是土地上耕作所产生收入流的贴现值，另一个是土地在不完全信贷市场上作为抵押品的价值。土地购买的抵押价值只有在贷款还清之后才能实现，因此买主的土地贴现值一定低于卖主的土地贴现值。在这种情况下，不容易发生土地买卖（Feder et al.，1988；Binswanger，Deininger and Feder，1995；Mookherjee，1997），农地租赁市场要优于买卖市场。但在土地高度细碎化的情况下，农地租赁的交易费用会更高。这是为了将毗邻的地块合并起来，需求者必须与无数的小土地所有者进行谈判。谈判不仅带来较高的交易费用，也提高了土地所有者的机会主义行为（以威胁要收回土地榨取较高的剩余）。如果需求者以补充性资本对土地进行投资，较长期的租赁合约就成为必需。如果长期合约无法达成，投资就会受到阻碍。在这种情况下，农地买卖市场要优于租赁市场。在一些中东欧国家，土地细碎化使得希望买地的生产者比希望租地的生产者要多（Deininger and Savastano，2002）。

中国目前的农村土地制度是家庭联产承包责任制。在这种制度下，农地买卖被严格禁止，流转是农地交易的唯一合法方式。农地买卖受禁止，使得生产者无法使用买卖这种交易费用更低的交易方式合并地块，而被迫选择租赁这种交易费用更高的交易方式合并地块。农地买卖市场的缺乏可能是农地在不同用途和不同生产者之间流动不充分、农地流转产生"租金分层"等现象的重要原因。

由图 6 - 1 和表 6 - 4 可知，"租金分层"是因为部分地块的价格大大低于传统农作制度的影子价格。这说明，"租金分层"是因为部分经营农地机会成本高的农户不放弃耕地。农户不放弃耕地，一方面可能是因为家庭劳动力认为非农就业不稳定，以后还有可能继续经营农地；另一方面可能就是因为缺乏土地买卖市场，无法出售土地。

在中国目前的农村土地制度下，转让是农户放弃土地承包经营权的唯一方式。2005年3月实施的《农村土地承包经营权流转管理办法》第六章第三十五条规定："转让是指承包方有稳定非农职业或者有稳定的收入来源的，经承包方申请和发包方同意，可以将全部或者部分土地承包经营权转让渡给其他从事农业生产经营的农户，由其履行相应土地承包合同的权利和义务。"虽然法规并未禁止农户在转让土地承包经营权时向受让方收取转让金，但在目前的制度下受让方愿意支付的转让金大大低于转让方的期望。这是因为，农地承包经营权的期限有限，目前暂定是30年。转让方转让农地后，很可能永远失去农地的承包经营权，而受让方获得的承包经营权可能在下一轮土地承包时被集体收回。转让方期望的转让金高于受让方愿意支付的转让金使得农地转让很少发生，也使得农户即使在经营农地机会成本很高的条件下也不愿意放弃农地承包经营权。

四　本章小结

经济发展从两方面影响农地流转。一方面，消费者对农产品需求随收入水平提高发生改变，种植业发生调整。另一方面，二、三产业扩大，吸引农业劳动力大量转移。虽然，种植业调整和劳动力转移都促进农地流转，但它们对租金影响不同。种植业调整扩大农地需求，推动租金上涨；劳动力转移扩大农地供给，推动租金下降。

种植新作物需要面积更大、位置相邻土地。农户农地面积较小，分割细碎。这使得单个农户与种植新作物的种植大户很难单独进行交易。机会成本高，不愿意继续经营农地的农户未能充分地把农地流转到种植大户手中，只能接受较低租金，把农地流转给种植传统农作物的农户。相反，种植大户需要从多个农户转入农地，必须以机会成本最低农户的要价支付租金，才能实现交易。一方面农地细碎化使得农地租赁的交易费用较高；另一方面中国的土地制度禁止农地买卖，使得在农地细碎化条件下较优的农地买卖市场无法产生。农地细碎化和农地买卖市场缺乏使得农地未能充分流动。农地租金在种植业调整和劳动力转移这两种力作用下发生分离，集中分布在两个高低不同的价格区间，呈现出"租金分层"现象。

"租金分层"现象表明，农地资源没有实现有效配置。农地细碎化和农地制度限制了市场作用的发挥。为了改善市场结果，提高农业生产的配置效率，在劳动力大量转移、种植业快速调整的地区，村集体应该积极参与农地流转，促进农地集中经营。

第七章　结论与政策建议

本书分析了工业化过程中种植业调整和劳动力转移对农地流转的影响，从农地流转机制、动力和障碍三个方面考察了农地市场效率。研究结果表明，农地市场能够根据农业经营环境变化合理配置土地资源，但农地流转障碍限制了市场作用的发挥，农地流转并不充分，农地市场效率有待提高。

根据研究，本书得出以下主要结论。

一　研究结论

（一）农地市场根据农业经营环境变化配置资源

随着经济发展，农地流转现象在不断增加，农地市场日益开放，农地经营趋于集中。农村固定观察点数据表明，进入新千年后农地流转速度明显加快，参与流转的农户、农地比例不断提高。从地区比较来看，经济发达地区的农地流转更活跃，农地市场也更开放。东部和中部观察点农地流转比例大大高于西部。苏南农地流转比例高于苏北。苏南农地大部分由农业组织和外村农民流转，农地市场比较开放，苏北农地流转主要发生在亲戚朋友和本村农民之间，农地市场相对封闭。随着农地流转加快，农地经营也变得日趋集中。

经济发展一方面使消费者对农产品需求发生改变，要求种植业不断调整；一方面使二、三产业扩大，吸引农业劳动力快速转移。种植业调整和劳动力转移分别从产品市场和要素市场影响农地流转，是工业化过程中农地流转的主要动力。受种植业调整、劳动力转移和资源禀赋差异影响，农户之间的农地流转表现出三个主要方向。第一，农地由未做出种植业调整的农户向已经做出种植业调整的农户流转；第二，农地由劳动力转移程度高的农户向劳动力转移程度低的农户流转；第三，农地由土地资源丰富的农户向劳动力资源丰富的农户流转。农地流转方向表明，农地流转符合资源有效配置要求，农地市场能够根据农业部门产品市场和要素市场变化在不同生产者和不同用途之间配置土地资源。

（二）农地流转合约的使用符合降低交易费用要求

农地流转合约的使用情况与农地流转对象和流转后农地的用途密切相关。

流转给亲戚朋友和本村农民的农地主要种植粮棉油，农地用途很少发生改变；流转给外来农民、公司企业、合作社和村委会的农地，流转后主要种植大棚蔬菜、花卉苗木和葡萄等经济作物。

流转给亲戚朋友和本村农民主要用于种植粮棉油的农地，在流转过程中很少使用中介和担保，若使用中介和担保，担任中介人和担保人角色的也多是亲戚朋友或普通村民；农地流转关系稳定，但期限不明确，较少使用书面合同；农地收取的租金较低甚至不收取租金。这种农地流转在农民中自发进行，不受村集体或村干部干预，以交往频繁和相互信赖的人际关系降低交易费用和规避风险。

流转给外村农民、公司企业、合作社和村委会的农地，流转后主要用于种植经济作物，他们大多使用中介和担保，而且中介人和担保人多是村干部；农地流转期限较长，时间固定；农地收取租金较高，并逐年浮动，租金大多以现金结算；流转大多签订规范的书面合同，用来约定交易双方的权利和责任。这种农地流转在村集体参与或主导下进行，以行政力量介入降低交易费用和规避风险。

在农地流转中农户根据交易对象和农地用途选择合适的流转方式，以达到降低交易费用和规避风险的目的。农地流转合约与农地流转对象和流转后农地用途密切相关。农地流转合约的使用符合降低交易费用和规避风险的要求。

（三）农地细碎化阻碍农地流转

资源自由流动时，同一资源在不同用途和不同生产者中的边际产出会趋于相同，资源市场价格分布会趋于集中。相反，当流动受阻碍时，资源的价格分布会趋于分离。在考察农地租金分布时，笔者发现不同地块特征、流转对象和地理区位的农地租金集中分布在两个高低不同的价格区间。本书把这种现象称为"租金分层"，并对这一现象产生的根源做了深入剖析。

种植业调整需要面积更大、位置相邻的土地，农户农地规模狭小，分割细碎，使农地未能在种植业调整中充分流动，这是"租金分层"现象产生的根源。种植业调整和劳动力转移都促进农地流转，但它们对租金的影响不同。种植业调整扩大农地需求，推动租金上涨；劳动力转移扩大农地供给，推动租金下降。种植新作物需要面积更大、位置相邻的土地。农户的农地面积较小、分割细碎。

这使得单个农户与种植新作物的种植大户很难单独进行交易，农地流转的交易费用较高。机会成本高，不愿意继续经营农地的农户未能充分地把农地流转到种植大户手中，只能接受较低租金，把农地流转给种植传统农作物的农户。相反，种植大户需要从多个农户转入农地，必须以机会成本最低农户的要价支付租金，才能实现交易。农地细碎化使得农地流转交易费用较高。

虽然在农地细碎化条件下，农地买卖市场要优于农地租赁，但中国农地制度禁止农地买卖。农地细碎化和农地买卖市场缺乏使得农地未能在这两种农户之间充分流动。农地租金在种植业调整和劳动力转移这两种动力作用下发生分离，集中分布在两个高低不同的价格区间，呈现"租金分层"现象。

"租金分层"现象表明，农地资源没有实现有效配置，农地细碎化和农地制度限制了市场作用的发挥，阻碍了农地流转。

（四）农业经营者老龄化抑制农地流转

随着农业劳动力大量转移，中老年人成了种植业经营主体。

老人经营农业，对农地市场的需求和供给皆有负面影响。一方面，受体力下降和教育水平限制，老人经营农业不愿扩大规模，减少了农地市场的农地需求；另一方面，老人经营农业，农户经营农地的机会成本较低，减少了农地市场的农地供给。实证检验也证实老人经营农地对农户向外流转农地有显著的负作用，但对农户转入农地则影响不显著。老人经营农业趋向于自给自足，维持原状，不利于农地流转。农业经营者老龄化抑制农地流转。

（五）村集体在农地流转中发挥作用

当农地流转在亲戚朋友和本村农民之间进行时，交往频繁和相互信赖的人际关系能够降低交易费用和规避风险，村集体和村干部对农地流转一般是不管不问，任其自由发展。当农地流转在本村农民和外村农民、公司企业和合作社之间进行时，村集体和村干部一般以中介人和担保人的角色参与农地流转，以降低交易费用和规避风险。

村集体在农地流转中发挥中介和担保作用，是由农地流转特点和村集体在农村社区中的功能决定的。流转给外来农民、公司企业和合作社的农地一般用于种植经济价值较高的农作物，需要对地块进行合并，参与流转的农户较多，流转期限较长。个别农户违约会对外村农民、公司企业和合作社的生产经营造成全局性的影响。相反，外村农民、公司企业和合作社的违约对农户农地使用和农地收益影响较大。农地流转需要权威、稳定的中介人和担保人。村集体工作以社区为中心，权威性和稳定性较好，更重要的是村集体还是农地的发包方，能够界定农地边界和仲裁农地纠纷，是农地流转理想的中介人和担保人。

但村集体主导农地流转，容易对农户的农地自主经营、农地收益产生侵害。村集体一般以"反租倒包"的形式主导农地流转。农户对村集体主导农地流转看法不一，有的农户支持村集体主导，有的农户则反对村集体主导。之所以如此，一方面是因为农户分化，另一方面是因为村集体扮演的角色存在冲突。经济发展使农户产生分化，一部分农户就业和收入主要来自非农产业，农地经营机会成本较高；一部分农户就业和收入对农业有较高的依赖，农地流转会对其就业和收入产生负面影响。村集体是农村社区的管理者、农业政策的执行者、本村农地的发包方。在农地流转中村集体很难做到仅充当中介人和担保人。当村集体以其他目标主导农地流转时,很容易对农户的农地经营和流转产生负面影响。

二 政策建议

根据研究结论,本书有以下政策建议。

(一) 根据地区经济发展水平促进农地流转

农地流转规模、速度,农地市场开放程度与地区经济发展水平直接相关,政府部门应该根据经济发展水平,因地制宜地促进农地流转。

经济发达地区农地流转规模大,速度快,农地市场开放度高。农地大多由本村农民向外村农民、公司企业和合作社流转,流转后农地用于种植多年生的经济作物。种植经济作物需要对地块进行合并,建设农业设施。农地流转需要稳定的长期合同。行政部门的参与能够为农地流转提供中介和担保服务,为农地合并、复耕提供便利,促进农地流转和农地经营集中。发达地区的行政部门应该根据当地的种植业调整和劳动力转移情况,积极参与农地流转,为农地流转创造条件,促进农地流转。

经济欠发达地区的农地流转规模小,速度慢,农地市场开放度低。农地大多在亲戚朋友或普通村民之间流转,流转后农地用于种植粮食作物。农地流转无须对地块进行合并,流转后农业设施基本不变。交往频繁和相互信赖的人际关系能在农地流转中起到降低交易费用和规避风险作用,无须行政部门参与。在经济欠发达地区,政府部门对农地流转应该采取保护的态度,避免过多的干预。

（二） 以村集体为中心建设有形农地市场

随着经济快速发展，农地流转规模不断扩大，速度不断加快，农地市场开放程度不断提高，需要行政力量参与农地流转。虽然行政力量参与农地流转能起到降低交易费用和规避风险的作用，但干预过多也会侵害农户自主经营和农地收益。建立农地流转中心，规范政府部门的行为，是农地流转的迫切要求。

虽然很多调查点设置了农地流转中心，但调查发现农民很少通过农地流转中心流转农地，农地流转中心只起到了对农地流转登记和备案的作用。这主要是因为，农地流转中心都设置在乡镇一级，行政村很少设置农地流转中心。

在家庭联产承包责任制下，农地属于农民集体所有，农地承包经营权属于农户。农地承包经营权以集体发包和农户承包的形式产生，承包经营权再派生出农户的农地收益权和处置权。村民委员会或村集体经济组织是农地的发包方，能够界定农地边界，仲裁农地纠纷，是农村处理农地问题的权威机构。农地流转和集中需要对地块进行合并、重划。村集体的参与能够为农地地块合并、重划提供服务。农地流转中心的建设应该以行政村为中心。

（三） 培养新农民和促进农民地区间流动

受计划生育和劳动力转移影响，农业经营者老龄化现象严重。老年人经营农地倾向于自给自足，这对农地流转有抑制作用。为了促进农地流转，提高农业生产效率，需要改善农业经营者结构，缓解农业经营者老年化问题。缓解农业经营者老年化可以从两个方面同时入手，一是培养新农民，二是促进农民地区间流动。

传统农民在农业生产中与父辈一同劳动，通过耳濡目染和长辈指导掌握农业生产技能。经济发展打乱了这一农业技能传承模式。现在农家子弟大量时间在学校读书学习，很少参与农业经营，基本不掌握农业生产技能。新农民培养需要另辟蹊径。

除了培养新农民外，促进农民地区间自由流动也是缓解发达地区农业经营者老年化问题的重要方法。欠发达地区农民向发达地区流动不仅能增加其自身收入，而且能缓解流出地农业资源压力，提高流入地农业生产效率和产出。目前政府部门主要关注农业劳动力产业转移和劳动力进城，对农民地区间的流动还不够重视。经济发达地区的政府部门应该创造条件，积极引进外来农民。

参考文献

[1] Adulavidhaya, Kamphol, Yoshimi Kuroda, Lawrence Lau and Pan Yotopoulos, " The Comparative Studies of the Behavior of Agricultural Households in Thailand," *Singapore Economic Review*, 1984(29):67 – 96.

[2] Barnum, Howard N. and Lyn Squire, "An Econometric Application of the Theory of the Farm – Household," *Journal of Development Economics*, 1979(6):79 – 102.

[3] Becker, G. S. , "A Theory of the Allocation of Time," *The Economic Journal*, 1965, 75(299):493 – 517.

[4] Besley, T. , "Property Rights and Investment Incentives: Theory and Evidence from Ghana," *The Journal of Political Economy*, 1995, 103 (5):903 – 937.

[5] Binswanger, H. P. , K. Deininger, G. Feder, " Power, Distortions, Revolt and Reform in Agricultural Land Relations", In J. Behrmand and T. N. Srinivasan, eds. , *Hand Book of Development Economics*, Amsterdam, New York, and Oxford: Elsevier Science, North Holland, 1995:2659 –

2772.

[6] Bogue J. ,Donald, *Internal Migration in Phillip M. Hauser and O. D. Duncan* (*eds.*) ,The Study of Population,University of Chicago Press,1959.

[7] Bryan Lohmar, Zhaoxin Zhang and Agapi Somwaru, "Land Rental Market Development and Agricultural Production in China," *Paper Submitted for Presentation at the 2001 Annual Meetings of the American Agricultural Economics Association*, Chicago IL, August 5 – 8.

[8] Carter, Michael R. and Yang Yao, "Local Versus Global Separability in Agricultural Household Models: The Factor Price Equalization Effect of Land Transfer Rights," *American Journal of Agricultural Economics*, 2002, 84(3):702 – 715.

[9] Charles C. Krusekopf, "Diversity in Land – tenure Arrangements Under the Household Responsibility System in China," *China Economic Review*, 2002, 13(2):297 – 312.

[10] Coase,R. H. ,"The Nature of the Firm", *Economica*,1937(4):386 – 405.

[11] Coase, R. H. , "The Problem of Social Cost," *Journal of Law and Economics*,1960(3):1 – 44.

[12] Dwayne Benjamin,Loren Brandt, "Property Rights,Labour Markets, and Efficiency in a Transition Economy: the Case of Rural China," *Canadian Journal of Economics*, 2002, 35(4):689 – 716.

[13] De Brauw, Alan J. Edward Taylor and Scott Rozelle. , "Migration and Incomes in Source Communities: A New Economic of Migration Perspective from China," *University of California, Davis Working Paper*, 2002.

[14] de Janvry, A. , G. Gordillo, J. P. Platteau, and E. Sadoulet, *Access to Land, Rural Poverty and Public Action*, Oxford, U. K. : Oxford University Press, 2001.

[15] Deininger, K. , and S. Savastano, "Do Rental Markets Transfer Land to More Productive Producer? Evidence from Six Central European Countries," *Discussionn Paper*, World Bank, Washington, D. C. , 2002

[16] Deininger, Klaus and Songqing Jin, "The Potential of Land Rental Markets in the Process of Economic Development: Evidence from China," *Journal of Development Economics*, 2005, 78(1):241 – 270.

[17] Deininger, Klaus and Songqing Jin, "Land Rental Markets in the Process of Rural Structural Transformation: Productivity and Equity in China," *World Bank Policy Research Working Paper*, No. 4457, 2007.

[18] Dennis Tao Yang, "China's Land Arrangements and Rural Labor Mobility," *China Economic Review*, 1997, 8(2):101 – 115.

[19] Feder, G. , T. Oneban, Y. Chamlamwong, and C. Hongladoran, *Land Policies and Farm Productivity in Thailand*, Baltimore, MD: Johns Hopkins University Press, 1988.

[20] Fleisher C. M. , Liu Y H. , "Economies of Scale, Plot Size, Human Capital and Productivity in Chinese Agriculture," *Quarterly Review of Economics and Finance*, 1992, 32(3):112 – 123.

[21] Finan, F. , E. Sadoulet, et al. , "Measuring the Poverty Reduction Potential of Land in Rural Mexico," *Journal of Development Economics*, 2005, 77(1):27 – 51.

[22] Hui Wang, Juer Tong, Fubing Su, Guoxue Wei, "Ran Tao To Reallocate or not: Reconsidering the Dilemma in China's Agricultural Land Tenure Policy," *Land Use Policy*, 2011, 28(4): 805 – 814.

[23] Hingo Kimura, Keijiro Otsuka, Tetsushi Sonobe and Scott Rozelle, "Efficiency of Land Allocation through Tenancy Markets: Evidence from China," *Economic Development and Cultural Change*, 2011, 59(3): 485 – 510.

[24] Hui Wang, Juer Tong, Fubing Su, Guoxue Wei, "Ran Tao To Real Locate or not: Reconsidering the Dilemma in Chian's Agricultural Land Tenure Policy," *Land Use Policy*, 2011, 28(4): 805 – 814.

[25] Jacoby, Hanan, "Shadow Wages and Peasant Family Labour Supply: An Econometric Application to the Peruvian Sierra," *Review of Economic Studies*, 1993(60): 903 – 921.

[26] James Kai – sing Kung, "Common Property Rights and Land Reallocations in Rural China: Evidence from a Village Survey," *World Development*, 2000, 28(4): 701 – 719.

[27] James Kai – sing Kung, "Off – Farm Labor Markets and the Emergence of Land Rental Markets in Rural China," *Journal of Comparative Economics*, 2002, 30(2): 395 – 414.

[28] Klaus Deininger, Songqing Jin, "The Potential of Land Rental Markets in the Process of Economic Development: Evidence from China," *Journal of Development Economics*, 2005, 78(1): 241 – 270.

[29] Klaus Deininger, Songqing Jin, "Land Rental Markets in the Process of Rural Structural Transformation: Productivity and Equity Impacts

in China," *World Bank Policy Research Working Paper*, No. 4454

[30] Katrina Mullan, Pauline Grosjean, "Andreas Kontoleo Land Tenure Arrangements and Rural – Urban Migration in China," *World Development*, 2011, 39 (1):123 – 133.

[31] Kuroda Y. and P. Yotopoulos, "A Subjective Equilibrium Model of the Agricultural Household with Demographic Behavior," Working Paper No. 80 – 83, Demographic Impacts of Agricultural Development Policy, 1980.

[32] L. J. Lan, W. L. Lin, and P. A. Yotopoulos, "The Linear Logarithmic Expenditure System:An Application to Consumption – Leisure Choice," *Econometrica*, 1978 (46):843 – 868.

[33] Lee Everett S. , "A Theory of Migration," *Demography*, 1966 (1): 10 – 14.

[34] Lopez, R. and A. Vald¨ l s. , "Rural Poverty in Latin America: Analytics, New Empirical Evidence and Policy," World Bank, Washington, DC, 2000.

[35] Loren Brandt, Scott Rozelle, Matthew A. Turner, "Local Government Behavior and Property Right Formation in Rural China," *Journal of Institutional and Theoretical Economics JITE*, 2004, 36 (4):627 – 662.

[36] Mullan, Katrina, Grosjean, Pauline, Kontoleon, Andreas, "Land Tenure Arrangements and Rural – Urban Migration in China," *World Development*, 2011, 39 (1):123 – 133.

[37] Nguyen T. , Cheng E. J. and Christopher F. , "Land Fragmentation and Farm Productivity in China in the 1990s," *China Economic Review*, 1996, 7 (2):169 – 180.

[38] Pitt, Mark and Mark Rosenzweig, "Agricultural Prices, Food Consumption and the Healthand Productivity of Indonesian Farmers," in Singh, Squire, Strauss, eds. , 1986.

[39] Qian Foresst Zhang, Ma Qingguo and Xu xu, "Development of Land Rental Markets in Rural Zhejiang: Growth of Off – farm Jobs and Institution Building," *The China Quarterly*, 2004.

[40] Rozelle, Scott, J. Edward Taylor, and Alan de Brauw, "Migration, Remittances, and Productivity in China," *American Economic Review*, 1999, 89(2): 287 – 291.

[41] S. Feng and N. Heerink, "Are Farm Households' Renting and Migration Decisions Inter – related in Rural China?", *NJAS Wageningen Journal of Life Sciences*, 2008(55): 345 – 362.

[42] Simons S. , "Land Fragmentation in Developing Countries: The Optimal Choice and Policy Implications," *Explorations in Economic History*, 1988(25): 254 – 262.

[43] E. Skoufias. , "Land Tenancy and Rural Factor Market, Imperfections Revisited," *Journal of Economic Development*, 1991, 16(1): 37 – 55.

[44] Shouying Liu, Michael R. Carter, Yang Yao, "Dimensions and Diversity of Property Rights in Rural China: Dilemmas on the Road to Further Reform," *World Development*, 1998, 26(10): 1789 – 1806.

[45] Songqing Jin, Klaus Deininger, "Land Rental Markets in the Process of Rural Structural Transformation: Productivity and Equity Impacts from China," *Journal of Comparative Economics*, 2009, 37(4): 629 – 646.

[46] Shuyi Feng, Nico Heerink, Ruerd Ruben, Futian Qu, "Land Rental

Market, Off – farm Employment and Agricultural Production in Southeast China: A Plot – level Case Study," *China Economic Review*,2010,21(4):598 – 606.

[47] Tu,Qin,Heerink,Nico,Xing,Li,"Factors Affecting the Development of Land Rental Markets in China—A Case Study for Puding County, Guizhou Province," *Paper Provided by International Association of Agricultural Economists in its Series 2006 Annual Meeting*,August 12 – 18, 2006,Queensland,Australia with Number 25547.

[48] Yang Yao,"The Development of Land Market in Rural China," *Land Economics*,2000,76(2):252 – 266.

[49] Wan G. H. ,Cheng E. J. ,"Effects of Land Fragmentation and Returns to Scale in the Chinese Farming Sector,"*Applied Economics*,2001(33): 183 – 194.

[50] Ward,Patrick S. & Shively,Gerald E. (2011),"Migration and Land Rental as Risk Response in Rural China," Paper Provided by Agricultural and Applied Economics Association in its Series 2011 Annual Meeting,July 24 – 26,2011,Pittsburgh,Pennsylvania with Number 103379.

[51] Wang,Xiaobing & Yu,Xiaohua,"Scale Effects,Technical Efficiency and Land Lease in China,"2011 International Congress,August 30 – September 2,2011,Zurich,Switzerland 115736,European Association of Agricultural Economists

[52] Wen – xing Du,Xian – jin Huang,Wen – xia Zhai and Bu – zhuo Peng, " Spatial Differentiation of Land Transfer: Case Study of

Shanghai, Nanjing and Taizhou in Changjiang River Delta," *Chinese Geographical Science*, 2006, 16(1):24－31.

[53] Wu, Ziping, "Land Distributional and Income Effects of the Chinese Land Rental Market," Paper Provided by International Association of Agricultural Economists in its Series 2006 Annual Meeting, August 12－18, 2006, Queensland, and Australia with Number 25294.

[54] Zhang Linxiu, Huang Jikung and Rozelle Scoot, "Land Policy and land Use in China," Agricultural Policies in China, 1997.

[55] 白石:《我国种植业调整问题研究》,中国农业科学院,2009。

[56] 包宗顺、徐志明、高珊、周春芳:《农村土地流转的区域差异与影响因素——以江苏省为例》,《中国农村经济》2009 年第 4 期,第 23～30 页。

[57] 卜凯著(张履鸾译)《中国农家经济》,商务印书馆,民国二十五年。

[58] 蔡昉:《中国发展的挑战与路径:大国经济的刘易斯转折》,《广东商学院学报》2010 年第 1 期,第 4～12 页。

[59] 曹建华、王红英、黄小梅:《农村土地流转的供求意愿及其流转效率的评价研究》,《中国土地科学》2007 年第 21 期第 5 版,第 54～60 页。

[60] 陈剑波:《农地制度:所有权问题还是委托—代理问题?》,《经济研究》2006 年第 7 期,第 83～91 页。

[61] 陈美球、肖鹤亮、何维佳、邓爱珍、周丙娟:《耕地流转农户行为影响因素的实证分析——基于江西省 1396 户农户耕地流转行为现状的调研》,《自然资源学报》2008 年第 23 期第 3

版，第 369 ~ 374 页。

[62] 陈和午、聂斌:《户土地租赁行为分析——基于福建省和黑龙江省的农户调查》,《中国农村经济》2006 年第 2 期,第 42 ~ 48 页。

[63] 陈志刚、曲福田:《农地产权制度变迁的绩效分析——对转型期中国农地制度多样化创新的解释》,《中国农村观察》2003 年第 1 期,第 2 ~ 13 页。

[64] 程名望:《中国农村劳动力转移:机制、动因与障碍——一个理论框架与实证分析》,上海交通大学博士学位论文,2007。

[65] 崔新蕾、张安录:《选择价值在农地城市流转决策中的应用——以武汉市为例》,《资源科学》2011 年第 33 期第 4 版,第 675 ~ 683 页。

[66] 邓大才:《农地流转的交易成本与价格研究——农地流转价格的决定因素分析》,《财经问题研究》2007 年第 9 期,第 89 ~ 95 页。

[67] 邓海峰、王希扬:《户籍制度对土地承包经营权流转的制约与完善》,《中国人口·资源与环境》2010 年第 20 期第 7 版,第 97 ~ 101 页。

[68] 董国礼、李里、任纪萍:《产权代理分析下的土地流转模式及经济绩效》,《社会学研究》2009 年第 1 期,第 25 ~ 63 页。

[69] 都阳:《中国贫困地区农户劳动供给研究》,华文出版社,2001。

[70] 杜文星、黄贤金、方鹏:《基于农地流转市场分析的区域土地利用变化研究——以上海市、南京市、泰州市农户调查为

例》，《中国土地科学》2005 年第 19 期第 6 版，第 3～7 页。

[71] 樊帆：《土地流转与农业生产结构调整关系研究》，《农业技术经济》2009 年第 4 期，第 70～73 页。

[72] 冯锋、杜加、高车：《基于土地流转市场的农业补贴政策研究》，《农业经济问题》2009 年第 7 期，第 22～25 页。

[73] 冯继康：《中国农村土地制度：历史分析与制度分析》，南京农业大学博士学位论文，2005。

[74] 傅晨、刘梦琴：《农地承包经营权流转不足的经济分析》，《调研世界》2007 年第 1 期，第 22～30 页。

[75] 郜亮亮、黄季焜：《不同类型流转农地与农户投资的关系分析》，《中国农村经济》2011 年第 4 期，第 9～17 页。

[76] 郜亮亮、黄季焜、Rozelle Scott、徐志刚：《中国农地流转市场的发展及其对农户投资的影响》，《经济学（季刊）》2011 年第 10 期第 4 版，第 1499～1514 页。

[77] 盖国强：《农村土地使用权流转研究——以山东省为例》，《中国软科学》2001 年第 5 期，第 114～120 页。

[78] 龚启圣、刘守英：《农民对土地产权的意愿及其对新政策的反应》，《中国农村观察》1998 年第 2 期，第 18～25 页。

[79] 郭继：《农地流转合同形式制度的运行与构建——以法律社会学为视角》，《中国农业大学学报》（社会科学版）2009 年第 26 期第 4 版，第 37～44 页。

[80] 韩菡、钟甫宁：《劳动力流出后"剩余土地"流向对于当地农民收入分配的影响》，《中国农村经济》2011 年第 4 期，第 18～25 页。

[81] 贺振华：《农村土地流转的效率：现实与理论》，《上海经济研究》2003 年第 3 期，第 11～17 页。

[82] 胡瑞卿、张岳恒：《不同目标下耕地流转的理论与实证分析》，《中国农村经济》2007 年第 1 期，第 36～44 页。

[83] 洪名勇：《欠发达地区的农地流转分析——来自贵州省 4 个县的调查》，《中国农村经济》2009 年第 8 期，第 80～88 页。

[84] 黄丽萍：《东南沿海农地承包经营权连片流转探析——基于浙江、福建和广东三省的调查》，《农业经济问题》2009 年第 8 期，第 71～77 页。

[85] 黄贤金、尼克·哈瑞克、鲁尔特·卢本、曲福田：《中国农村土地市场运行基理分析》，《江海学刊》2001 年第 2 期，第 9～15 页。

[86] 黄延廷：《论农村土地流转形式中的反租倒包》，《特区经济》2010 年第 4 期，第 174～175 页。

[87] 黄祖辉、王朋：《农村土地流转：现状、问题及对策——兼论土地流转对现代农业发展的影响》，《浙江大学学报》（人文社会科学版）2008 年第 38 期第 2 版，第 38～47 页。

[88] 胡永政、胡庆龙：《我国农地流转问题研究新视角——一个基于人力资本的双边治理的关系型合约模型分析》，《城市发展研究》2011 年第 18 期第 2 版，第 10～12 页。

[89] 贾生华、田传浩、陈宏辉：《城乡交错区农地使用权市场的实证研究》，《中国软科学》2003 年第 2 期，第 118～124 页。

[90] 贾生华、田传浩、张宏斌：《农地租赁市场与农业规模经营——基于江、浙、鲁地区农业经营大户的调查》，《中国农村观察》2003 年第 1 期，第 37～45 页。

［91］ 金松青：《中国农村土地租赁市场的发展及其在土地使用公平性和效率性上的含义》，《经济学（季刊）》2004 年第 3 期第 4 版，第 1003～1028 页。

［92］ 晋洪涛：《以农地权属为视角的土地流转行为研究——基于河南 455 个农户样本的调查》，《社会科学战线》2011 年第 5 期，第 52～57 页。

［93］ 晋洪涛、史清华：《农村土地权属：农民的“非集体化”认知与根源——基于河南的调查》，《农业经济问题》2011 年第 1 期，第 7～11 页。

［94］ 克劳斯·丹宁格：《促进增长与缓减贫困的土地政策》，中国人民大学出版社，2007。

［95］ 孔祥智、徐珍源：《转出土地农户选择流转对象的影响因素分析——基于综合视角的实证分析》，《中国农村经济》2010 年第 12 期，第 17～25 页。

［96］ 乐章：《农民土地流转意愿及解释——基于十省份千户农民调查数据的实证分析》，《农业经济问题》2010 年第 2 期，第 64～70 页。

［97］ 李海伟：《两种类型的农地使用权流转分析》，《现代经济探讨》2005 年第 2 期，第 36～40 页。

［98］ 李果、黄季焜：《中国的土地使用权和转移权：现状评价》，《经济学（季刊）》2004 年第 3 期第 4 版，第 951～982 页。

［99］ 李菁、邱青青：《买方市场条件下农地信用租赁定价机制探讨》，《中国农村经济》2011 年第 4 期，第 46～56 页。

［100］ 李孔岳：《农地专用性资产与交易的不确定性对农地流转交

易费用的影响》，《管理世界》2009 年第 3 期，第 92 ~ 98 页。

[101] 李霞、李万明：《农地流转口头协议的制度经济学分析——一个交易费用分析的框架》，《农业经济》2011 年第 8 期，第 85 ~ 86 页。

[102] 李霄：《农村土地使用权流转的博弈分析》，《农业经济问题》2003 年第 12 期，第 4 ~ 7 页。

[103] 李燕琼、范高林：《四川农村土地使用权流转的现状、问题与对策》，《农业经济问题》2002 年第 12 期，第 35 ~ 38 页。

[104] 李跃：《新农村建设中的土地流转问题分析》，《农业经济问题》2010 年第 4 期，第 26 ~ 28 页。

[105] 黎霆、赵阳、辛贤：《当前农地流转的基本特征及影响因素分析》，《中国农村经济》2009 年第 10 期，第 4 ~ 11 页。

[106] 刘初旺、丁骋骋、吴金华：《土地经营权流转与农业产业化经营》，《农业经济问题》2003 年第 12 期，第 52 ~ 55 页。

[107] 刘克春、苏为华：《农户资源禀赋、交易费用与农户农地使用权流转行为——基于江西省农户调查》，《统计研究》2006 年第 5 期，第 73 ~ 77 页。

[108] 刘克春、朱红根：《农户要素禀赋、交易费用与农户农地供给行为关系研究——基于江西省农户调查》，《江西农业大学学报》2008 年第 30 期第 1 版，第 174 ~ 179 页。

[109] 刘涛、曲福田、金晶、石晓平：《土地细碎化、土地流转对农户土地利用效率的影响》，《资源科学》2008 年第 30 期第 10 版，第 1511 ~ 1516 页。

[110] 楼江、祝华军：《中部粮食产区农户承包地经营与流转状况研究——以湖北省 D 市为例》，《农业经济问题》2011 年第 3 期，第 15～20 页。

[111] 陆文聪、朱志良：《农地流转供求关系实证分析——以上海为例》，《中国农村经济》2007 年第 1 期，第 45～51 页。

[112] 罗必良、李尚蒲：《农地流转的交易费用：威廉姆森分析范式及广东的证据》，《农业经济问题》2010 年第 12 期，第 30～40 页。

[113] 马育军、黄贤金、许妙苗：《上海市郊区农业土地流转类型与土地利用变化响应差异性研究》，《中国人口·资源与环境》2006 年第 16 期第 5 版，第 117～121 页。

[114] 马晓河、崔红志：《建立土地流转制度，促进区域农业生产规模化经营》，《管理世界》2002 年第 11 期，第 63～77 页。

[115] 农村固定观察点办公室：《全国农村社会经济典型调查数据汇编（1986～1999 年）》，中国农业出版社，2001。

[116] 农村固定观察点办公室：《全国农村固定观察点调查数据汇编（2000～2009 年）》，中国农业出版社，2010。

[117]"农村土地问题立法研究"课题组：《农村土地法律制度运行的现实考察——对我国 10 个省调查的总报告》，《法商研究》2010 年第 1 期，第 119～131 页。

[118] 裴厦、谢高地、章予舒：《农地流转中的农民意愿和政府角色——以重庆市江北区统筹城乡改革和发展试验区为例》，《中国人口·资源与环境》2011 年第 21 期第 6 版，第 55～60 页。

［119］钱文荣：《浙北传统粮区农户土地流转意愿与行为的实证研究》，《中国农村经济》2002 年第 7 期，第 64~68 页。

［120］钱文荣：《农地市场化流转中的政府功能探析——基于浙江省海宁、奉化两市农户行为的实证研究》，《浙江大学学报》（人文社会科学版）2003 年第 33 期第 5 版，第 154~160 页。

［121］钱忠好：《农村土地承包经营权产权残缺与市场流转困境：理论与政策分析》，《管理世界》2002 年第 6 期，第 35~45 页。

［122］钱忠好：《农地承包经营权市场流转：理论与实证分析——基于农户层面的经济分析》，《经济研究》2003 年第 2 期，第 83~94 页。

［123］钱忠好、肖屹、曲福田：《农民土地产权认知、土地征用意愿与征地制度改革——基于江西省鹰潭市的实证研究》，《中国农村经济》2007 年第 1 期，第 28~35 页。

［124］钱忠好：《非农就业是否必然导致农地流转——基于家庭内部分工的理论分析及其对中国农户兼业化的解释》，《中国农村经济》2008 年第 10 期，第 13~21 页。

［125］乔俊峰：《农地流转：历史、困境与制度创新》，《改革与战略》2010 年第 2 期，第 79~81 页。

［126］施晓琳：《论以土地承包经营权抵押为特征的金融制度》，《南京农业大学学报》（社会科学版）2002 年第 3 期，第 20~25 页。

［127］商春荣、王冰：《农村集体土地产权制度与土地流转》，《华南农业大学学报》（社会科学版）2004 年第 2 期，第 25~

29 页。

[128] 史清华、贾生华：《农户家庭农地要素流动趋势及其根源比较》，《管理世界》2002 年第 1 期，第 71 ~ 92 页。

[129] 史清华、徐翠萍：《农户家庭农地流转行为的变迁和形成根源——1986 ~ 2005 年长三角 15 村调查》，《华南农业大学学报》（社会科学版）2007 年第 6 期，第 1 ~ 9 页。

[130] 史清华、卓建伟：《农村土地权属：农民的认同与法律的规定》，《管理世界》2009 年第 1 期，第 89 ~ 96 页。

[131] 苏旭霞、王秀清：《农用地细碎化与农户粮食生产》，《中国农村经济》2002 年第 4 期，第 22 ~ 28 页。

[132] 孙玉娜、李录堂、薛继亮：《农村劳动力流动、农业发展和中国土地流转》，《干旱区资源与环境》2012 年第 26 期第 1 版，第 25 ~ 30 页。

[133] 谭丹、黄贤金：《区域农村劳动力市场发育对农地流转的影响——以江苏省宝应县为例》，《中国土地科学》2007 年第 21 期第 6 版，第 64 ~ 68 页。

[134] 谭淑豪、Nico Heerink、曲福田：《土地细碎化对中国东南部稻农技术效率的影响》，《中国农业科学》2006 年第 39 期第 12 版，第 2467 ~ 2473 页。

[135] 唐浩、周向阳、崔长彬：《农地流转对土地使用权分配的影响研究》，《经济评论》2011 年第 5 期，第 113 ~ 118 页。

[136] 田传浩、陈宏辉、贾生华：《农地市场对耕地零碎化的影响——理论与来自苏浙鲁的经验》，《经济学（季刊）》2005 年第 4 期第 3 版，第 769 ~ 784 页。

［137］田传浩、贾生华：《农地市场对土地使用权配置影响的实证研究——基于苏、浙、鲁 1083 个农户的调查》，《中国农村经济》2003 年第 10 期，第 24~30 页。

［138］田传浩、贾生华：《农地制度、地权稳定性与农地使用权市场发育：理论与来自苏浙鲁的经验》，《经济研究》2004 年第 1 期，第 112~119 页。

［139］田传浩、周佳：《农地制度、农地市场与妇女土地使用权》，《中国农村观察》2008 年第 5 期，第 13~22 页。

［140］涂军平、黄贤金：《区域农地流转与农产品商品化关系分析——以江苏省宝应县农户调查为例》，《中国农村经济》2007 年第 2 期，第 35~39 页。

［141］王俊沣、伍振军：《农地流转的市场模式与参与方动机解析》，《改革》2011 年第 2 期，第 77~83 页。

［142］王兴稳、钟甫宁：《土地细碎化与农用地流转市场》，《中国农村观察》2008 年第 4 期，第 29~35 页。

［143］王兴稳、钟甫宁：《土地市场与农民间土地流转——基于江苏兴化市、黑龙江宾县两地调查》，《南京农业大学学报》2009 年第 9 期第 1 版，第 1~6 页。

［144］王忠林、韩立民：《滕州市推进农村土地流转的实践及启示》，《农业经济问题》2009 年第 2 期，第 77~80 页。

［145］万广华、程恩江：《规模经济、土地细碎化与我国的粮食生产》，《中国农村观察》1996 年第 3 期，第 31~36 页。

［146］吴晨：《制度、交易效率与农户耕种农地面积行为选择——基于 2007 年广东省农地流转的实证研究》，《农村经济》

2009 年第 6 期，第 27～31 页 。

［147］ 吴晨、徐妍：《资产专用性、不确定性与农地流转交易费用实证研究——基于广东省 2007 年 654 个农户样本的调查》，《仲恺农业工程学院学报》2010 年第 23 期第 3 版，第 66～71 页。

［148］ 吴德胜：《农业产业化中的契约演进——从分包制到反租倒包》，《农业经济问题》2008 年第 2 期，第 28～34 页。

［149］ 吴晓燕：《农村土地承包经营权流转与村庄治理转型》，《政治学研究》2009 年第 6 期，第 45～53 页。

［150］ J. M. 伍德里奇：《计量经济学导论（现代观点）》，中国人民大学出版社，2003。

［151］ 伍振军、张云华、孔祥智：《交易费用、政府行为和模式比较：中国土地承包经营权流转实证研究》，《中国软科学》2011 年第 4 期，第 175～183 页。

［152］ 谢正磊、林振山、蒋萍莉：《基于农户行为的农用地流转实证研究——以南京市栖霞区三镇为例》，《农业经济问题》2005 年第 5 期，第 39～41 页。

［153］ 徐旭、蒋文华、应风其：《农地产权：农民的认知与意愿——对浙江农户的调查》，《中国农村经济》2002 年第 12 期，第 36～43 页 。

［154］ 许恒周、郭玉燕：《农民非农收入与农村土地流转关系的协整分析——以江苏省南京市为例》，《中国人口·资源与环境》2011 年第 21 期第 6 版，第 61～66 页。

［155］ 许恒周、郭忠兴：《农村土地流转影响因素的理论与实证研

究——基于农民阶层分化与产权偏好的视角》,《中国人口·资源与环境》2011 年第 21 期第 3 版,第 94 ~ 98 页。

[156] 许恒周、金晶:《农地流转市场发育对农民养老保障模式选择的影响分析——基于有序 Probit 模型的估计》,《资源科学》2011 年第 33 期第 8 版,第 1578 ~ 1583 页。

[157] 严立冬、刘新勇:《河南省鹤壁市农村土地流转现状分析》,《农业经济问题》2008 年第 1 期,第 90 ~ 93 页。

[158] 杨妙姝、谭华清:《农民工劳动力市场的不完全性与土地流转的困境》,《中国商界》2010 年第 4 期,第 230 ~ 231 页。

[159] 杨德才:《论我国农村土地流转模式及其选择》,《当代经济研究》2005 年第 12 期,第 49 ~ 52 页。

[160] 杨展:《土地流转中的中介组织:非合作博弈框架下的分析》,《世界经济情况》2006 年第 2 期,第 30 ~ 33 页。

[161] 杨钢桥、靳艳艳:《农地流转对农户农地投入影响的区域比较——基于江汉平原和太湖平原的实证分析》,《中国人口·资源与环境》2010 年第 20 期第 10 版,第 164 ~ 168 页。

[162] 姚洋:《非农就业结构与土地租赁市场的发育》,《中国农村观察》1999 年第 2 期,第 16 ~ 21 页。

[163] 姚洋:《中国农地制度:一个分析框架》,《中国社会科学季刊》2000 年第 2 期,第 54 ~ 65 页。

[164] 杨峥嵘、杨省庭:《法律经济学视角下的我国农村集体土地权流转问题》,《中国农村经济》(专刊)2007,第 117 ~ 125 页。

[165] 杨学成、赵瑞莹、岳书铭:《农村土地关系思考——基于

1995～2008 年三次山东农户调查》，《管理世界》2008 年第 7 期，第 53～61 页。

[166] 杨学城、罗伊、普罗斯特曼、徐孝白：《关于农村土地承包 30 年不变政策实施过程的评估》，《中国农村经济》2001 年第 1 期，第 55～66 页。

[167] 叶剑平、蒋妍、丰雷：《中国农村土地流转市场的调查研究——基于 2005 年 17 省调查的分析和建议》，《中国农村观察》2006 年第 4 期，第 48～55 页。

[168] 游和远、吴次芳：《农地流转、禀赋依赖与农村劳动力转移》，《管理世界》2010 年第 3 期，第 65～75 页。

[169] 于传岗：《我国农村土地流转方式、流转成本与治理绩效分析》，《江汉论坛》2011 年第 6 期，第 82～87 页。

[170] 易小燕、陈印军：《农户转入耕地及其"非粮化"种植行为与规模的影响因素分析——基于浙江、河北两省的农户调查数据》，《中国农村观察》2010 年第 6 期，第 2～10 页。

[171] 于建荣：《农村集体土地所有权虚置的制度分析》，中国土地制国际改革研讨会论文集，2009，第 23～30 页。

[172] 俞海、黄季焜、Scott Rozelle、Loren Brandt、张林秀：《地权稳定性、土地流转与农地资源持续利用》，《经济研究》2003 年第 9 期，第 82～91 页。

[173] 岳意定、刘莉君：《基于网络层次分析法的农村土地流转经济绩效评价》，《中国农村经济》2010 年第 8 期，第 36～47 页。

［174］赵德起、吴云勇：《政府视角下农地使用权流转的理论探索与政策选择》，《农业经济问题》2011 年第 7 期，第 36 ~ 45 页。

［175］赵其卓、唐忠：《农用土地流转现状与农户土地流转合约选择的实证研究——以四川省绵竹市为例》，《中国农村观察》2008 年第 3 期，第 13 ~ 19 页。

［176］赵晓秋、李后建：《西部地区农民土地转出意愿影响因素的实证分析》，《中国农村经济》2009 年第 8 期，第 70 ~ 78 页。

［177］赵阳：《共有与私用：中国农地产权制度的经济学分析》，生活·读书·新知三联书店，2007。

［178］张安录：《城乡生态经济交错区农地城市流转机制与制度创新》，《中国农村经济》1999 年第 7 期，第 43 ~ 50 页。

［179］张丁、万蕾：《农户土地承包经营权流转的影响因素分析——基于 2004 年的 15 省（区）调查》，《中国农村经济》2007 年第 2 期，第 24 ~ 34 页。

［180］张丽君、黄贤金、钟太洋、方鹏：《区域农户农地流转行为对土地利用变化的影响——以江苏省兴化市为例》，《资源科学》2005 年第 27 期第 6 版，第 40 ~ 45 页。

［181］张培刚：《农业与工业化》，华中科技大学出版社，2009。

［182］张五常：《经济解释（三卷本）》，花千树出版有限公司，2002。

［183］张尹君杰、卓建伟：《土地细碎化的正面与负面效应的双重论证》，《江西农业大学学报》（社会科学版）2008 年第 7

期第 4 版，第 25 ~ 29 页。

[184] 中国农村土地制度研究课题组：《农地使用权流转的公平与效率问题》，《农业经济问题》2006 年第 9 期，第 9 ~ 12 页。

[185] 钟甫宁、王兴稳：《现阶段农地流转市场能减轻土地细碎化程度吗？——来自江苏兴化和黑龙江宾县的初步证据》，《农业经济问题》2010 年第 1 期，第 23 ~ 31 页。

[186] 钟甫宁、叶春辉：《中国种植业战略性结构调整的原则和模拟结果》，《中国农村经济》2004 年第 4 期，第 4 ~ 9 页。

[187] 钟太洋、黄贤金、孔苹：《农地产权与农户土地租赁意愿研究》，《中国土地科学》2005 年第 19 期第 1 版，第 49 ~ 55 页。

[188] 钟涨宝、汪萍：《农地流转过程中的农户行为分析——湖北、浙江等地的农户问卷调查》，《中国农村观察》2003 年第 6 期，第 55 ~ 64 页。

[189] 周海灯：《新时期农村土地流转的合约理论解释——以湖北省罗田县白庙河乡为例》，《广西财经学院学报》2010 年第 23 期第 4 版，第 118 ~ 124 页。

[190] 周其仁：《中国农村改革：国家和所有权关系的变化——一个经济制度变迁史的回顾》，《管理世界》1995 年第 3 期，第 178 ~ 189 页。

[191] 卓建伟、史清华、周小伟：《农地租赁均衡价格形成及演变的实证研究》，《北京农学院学报》2005 年第 20 期第 4 版，第 54 ~ 57 页。

[192] 邹秀清：《农户耕地流转行为的实证分析——基于赣、苏、

桂三省 537 份农户的问卷调查》，《江西财经大学学报》2008 年第 6 期，第 50～52 页。

[193] 邹伟、吴群：《基于交易成本分析的农用地内部流转对策研究》，《农村经济》2006 年第 12 期，第 41～43 页。

附　录

附录1　农户调查表

农地流转与非农就业调查表

调查地点：_____省_____市_____县_____乡__
_____村

户主姓名：_____应答者与户主的关系：
_____

调查时间：_____年_____月_____日

调查员：_____

158

A. 家庭成员基本情况

A01 请问你家一共有几口人？_____人

注意：家庭成员包括：1. 平时在一起生活的户籍人口；2. 平时不在一起生活，但户口在册的户籍人口（外出打工人员、中学住校生）；3. 户口已经外迁，但经济上还没有独立的直系亲属（正在大专院校上学，或大专院校毕业后还没有结婚的子女）

	家庭成员编码	1	2	3	4	5	6	7	8	9	10
A02	与户主的关系（请填写文字或代码①）										
A03	性别（1. 男；2. 女）										
A04	年龄（周岁）										
A05	婚姻状况（1. 未婚；2. 已婚；3. 其他（离婚或丧偶）										
A06	户口类型（1. 农业；2. 非农业；3. 没户口）										
A07	文化程度（请填写文字或代码②）										
A08	健康状况（1. 好；2. 一般；3. 体弱；4. 多病；5. 无劳动能力）										
A09	目前是否住在家里？（1. 是；2. 否）										
A10	目前是否务农或从事非农工作？（1. 是；2. 否→A12）										
A11	务农程度（1. 只务农；2. 以务农为主，农闲打工；3. 打工或以经商为主，农忙时帮忙；4. 完全不务农）										
A12	目前既不务农也不从事非农工作的原因（1. 正在上学或参军；2. 年老；3. 身体不好；4. 待业；5. 只做家务；6. 其他）										
A13	有没有参加新型农村合作医疗？（1. 参加了；2. 没参加）										
A14	有没有参加农村养老保险？（1. 参加了；2. 没参加）										

代码①与户主的关系：1. 户主；2. 配偶；3. 子女；4. 孙子女；5. 父母或岳父母；6. 祖父母；7. 兄弟姐妹；8. 女婿、儿媳；9. 其他亲属；10. 非亲属。

代码②文化程度：0. 文盲；1. 小一；2. 小二；3. 小三；4. 小四；5. 小五；6. 小六；7. 初一；8. 初二；9. 初三；10. 高一；11. 高二；12. 高三；13. 中专；14. 大专；15. 大学；16. 研究生。

B. 非农就业情况

B01	你家是否有人在外打工？（1. 是；2. 否→C 表）			
B02	都有谁在外打工？（填写文字或 A 表的家庭成员编码）			
B03	他是哪一年外出打工的？			
B04	现在在哪打工？（1. 本乡；2. 本县其他乡镇；3. 本市其他县；4. 本省其他市；5. 外省；6. 国外）			
B05	从工作地点坐汽车花多少时间？（小时）			
B06	现在做什么工作？（1. 农业；2. 建筑业；3. 工厂工人；4. 运输业；5. 经商；6. 服务业；7. 企业管理人员；8. 会计；9. 技术员；10. 其他）			
B07	是什么时候开始做这份工作的？			
B08	现在的工作是怎么找的？（1. 自主创业；2. 职业介绍；3. 社区就业服务；4. 同乡或亲朋介绍；5. 企业招工；6. 电视或报纸信息；7. 其他（注明）			
B09	是什么类型的单位？（1. 国营；2. 集体；3. 个体私营；4. 外资合资）			
B10	是否与工作单位签劳动合同？（1. 是；2. 否）			
B11	这份工作一年工作几个月？（月）			
B12	这份工作每星期工作几天？（天）			
B12a	这份工作一年工作几天？（天）			
B13	做这份工作每月能拿多少钱？（元/月）			
B14	做这份工作每年能拿多少钱？（元/年）			
B15	年终奖金和福利有多少钱？（元/年）			
B16	是否打算到城镇或城市定居？（1. 是；2. 否）			

C. 自营业情况

C01	你家是否有人做生意或办企业（包括个体运输等生意）？（1. 是；2. 否→D 表）			
C02	都有谁在做生意或办企业？（填写文字或 A 表的家庭成员编码）			
C03	具体是什么生意或企业？（填写文字）			
C04	是自己经营还是与人合伙？（1. 自己经营；2. 与人合伙）			
C05	如果是与人合伙，你家占多少股份？			
C06	他一年干多少天？（每个人的劳动投入）			
C07	有无雇人？（1. 有；2. 无→C11）			
C08	临时雇用多少人次？（工日/年）			
C09	临时雇用花费是多少？（元/年）			
C10	长期雇用几人？（人）			
C11	长期雇用花费是多少？（元/年）			
C11a	固定资产投入是多少？（元）			
C12	一年的毛收入有多少？（元/年）			
C13	一年的纯收入有多少？（元/年）			

D. 承包地情况

D01 你家共承包了多少亩地？ _____ 亩

D02 承包地共分为几块？ _____ 块

地块编码		D03 每块地的面积（亩）	D04 离家距离（米）	D05 是水田还是旱田	D06 能否机械作业	D07 是否靠近公路	D08 种植品种
耕地	1						
	2						
	3						
	4						
	5						
	6						
园地	7						
	8						
	9						
	10						
	11						

D09 你家农地有没有土地承包经营权证或土地承包合同书？（1. 有；2. 无）

D10 你认为农地的所有权属于谁？（1. 国家；2. 村集体；3. 农户）

D11 你认为农地的使用权属于谁？（1. 国家；2. 村集体；3. 农户）

D12 据你所知，农户是否可以自由转包农地？（1. 可以；2. 需要村委会批准；3. 不可以）

D13 据你所知，农户是否可以自由买卖农地？（1. 可以；2. 需要村委会批准；3. 不可以）

D14 2003 年以来你们村土地是否有过调整？（1. 是；2. 否）

D15 最近一次调整是哪一年？ _____ 年

D16 村里是否会根据人口增减调整土地？（1. 是；2. 否）

D17 村里有没有按承包地面积分摊的费用？（1. 有，_____ 元/亩；2. 没有）

E. 土地流转情况

E01 你家有无转包入或转包出的土地？（1. 有；2. 无→F 表）；

	转包的地块编码			
E02	转包的类型（1. 转包入；2. 转包出；3. 入股，4. 其他）			
E03	转包是否需要得到谁的批准？（1. 不需要；2. 村委会；3. 乡）			
E04	从谁那里转包来的（或转包给谁了）？（1. 亲戚；2. 本村别的农户；3. 外村别的农户；4. 企业；5. 合作社；6. 村委会）			
E05	转包时有无中间人（1. 有；2. 无→E07）			
E06	中间人是（1. 土地流转中心；2. 村委会；3. 村民；4. 其他）			
E07	转包时有无担保？（1. 有；2. 无→E09）			
E08	担保人是谁？（1. 亲戚；2. 村干部；3. 熟人；4. 其他＿＿＿）			
E09	转包的合同形式（1. 口头；2. 书面）			
E10	哪年订的合同？（年份）			
E11	转包期限是固定的吗？（1. 是；2. 否→E13）			
E12	如果是固定的，转包的期限是多少年？（年）			
E13	转包的租金是怎么算的？（1. 不要钱；2. 现金；3. 粮食；4. 劳动力；5. 分红）			
E14	如果是现金，每年每亩转包的租金是多少钱？（元）			
E15	如果是用粮食支付，每年每亩多少斤粮食？			
E16	如果是劳动力，每年帮工多少天？（天）			
E17	土地转包是否有政府补贴？（1. 是；2. 否）			
E18	如果有补贴，每年每亩多少钱？（元）			
E19	你家是否得到补贴？（1. 是；2. 否）			
E20	流转前种植作物是什么？			
E21	流转后种植作物是什么？			
E22	为什么转包土地？（请在空白处具体填写文字）			

F. 种植业经营情况

F00 你家有没有种植粮食、蔬菜、瓜果？（1. 有；2. 没有→G 表）

F01	主要种植哪些作物？						
F02	每种作物的播种面积（亩）						
F03	年产量（斤）						
F04	年销售量（斤）						
F05	家里谁负责生产？（填写家庭成员编号）						
F06	每个生产者的年劳动投入天数（天/年）						
F07	是否雇用劳动力？（1. 是；2. 否）						
F08	年雇用劳动力（工日/年）						
F09	雇用劳动力的年费用（元/年）						
F10	日常生产是否有人代管？（1. 是；2. 否）						
F11	年代管费用（元/年）						
F12	是否有机械作业？（1. 机耕；2. 机播；3. 机收）						
F13	机械作业费（元）						
F14	种苗费（元）						
F15	肥料费（元）						
F16	农药费（元）						
F17	农膜费（或大棚）（元）						
F18	灌溉费（元）						
F19	年毛收入（元）						
F20	年纯收入（元）						

F21 你是否为其他农户（农业经营者）干有报酬的农活？（1. 是；2. 否）。如果有，请问去年一共干了_____天，共收入_____元。

F22 除你之外，你家是否有人为其他农户（农业经营者）干有报酬的农活？（1. 是；2. 否）。如果有，请问是都有谁_____。

G. 其他生产经营情况

G01 你家有没有果园、茶园、花木、水产或畜禽？（1 有；2 无→H 表）

		果园 （亩）	茶园 （亩）	花木 （亩）	水产 （亩）	畜禽 （头或只）
G02	面积或规模					
G03	具体品种					
G04	年产量（畜禽为年出栏）					
G05	家里谁负责生产？（填写家庭成员编号）					
G06	每个生产者的年劳动投入天数（天/年）					
G07	是否雇用劳动力？（1. 是；2. 否）					
G08	临时雇用多少人次？（工日/年）					
G09	临时雇用花费是多少？（元/年）					
G10	长期雇用几人？（人）					
G11	长期雇用花费？（元/年）					
G12	年投入（种苗费、农药费、饲料费、防疫费等）（元/年）					
G13	一年的毛收入有多少？（元/年）					
G14	一年的纯收入有多少（元/年）					

H. 家庭收支情况

请将答案直接填在问题后，或在相应选项上打钩。

H01	你家住宅面积有多少平方米？	H07	你家每年生产性支出有多少？（元）
H02	是哪年建的房子？	H08	你家每年子女教育支出有多少？（元）
H03	当时建房和装修花了多少钱？	H09	你家每年医疗费用支出有多少？（元）
H04	你家每年收入大概多少元？（元）	H10	你家每年生活消费支出有多少？（元）
H05	年收入中有多少来自农业？（元）	H11	你家每年人情往来支出有多少？（元）
H06	你家收入水平在村内属于（1 富裕；2 中上等；3 中等；4 中下等；5 贫困）	H12	你家有没有从信用社、银行或亲友处贷款？

附录 2　农地租赁协议书

耕地租赁协议书

发包方：（以下简称甲方）

承包方：江苏省灌云县东王集乡法科村王庄 30 号

　　　　王国得　320723197001283815（以下简称乙方）

为了推动农业结构调整，乙方决定租用甲方土地进行多种经营种植，经双方协商，现订立协议如下：

一、租赁地点，乙方租用甲方耕地位于摇塘圩村民组湾泾河西一片，面积 29.65 亩，用途为葡萄种植。

二、租赁期限：从 2009 年 12 月 1 日至 2022 年 11 月 30 日止，总承包期限为 13 年。如到期后乙方需续用或终止，必须提前 3 个月向甲方提出续订或办理终止手续。如续订，租用年限、上交租金的标准另行协商。因该地块性质为耕地，乙方在租期内即使用于多种经营种植，但不得改变耕地性质，不得擅自转包、转租、抵押，不可任意挖掘或取土。必须做到合理，守法经营。

三、租金支付：乙方租用甲方耕地于当年 11 月底前交清下一年租金，乙方上交甲方租金标准为 2010～2012 年每年每亩人民币 700 元；2013～2017 年每年每亩人民币 800 元；2018～2020 年每年每亩人民币 1000 元。

四、在合同期内，如形势、政策变化，或国家、政府有规划需征用该地块,乙方必须无条件服从,协议终止。按当地政府相关补偿规定进行经济补偿。

五、乙方临时搭建的生产用房应按甲方的规划,办理临时用地手续,协议到期时无条件拆除。种植的地块应清除杂物,恢复耕地原样。

六、为确保协议到期后恢复耕地原样,乙方需向甲方一交性交纳复耕地费人民币 4000 元,到时乙方建筑物、地面杂物全部清理干净,全额予以退还。

七、乙方在承包期内如有违约,或欠交款项,甲方有权取消乙方下年度的租赁种植权,或视情况采取强制措施。

八、在合同期内如双方发生争执,由双方协商解决,协商不成可向有管辖权的部门进行调解,或向当地人民法院申请起诉。

九、甲方作为村委会,是村民自治组织,可以制订相关村规民约。故本协议的解释权归属村民委员会。

十、本协议一式三份,甲乙双方各执一份,农业主管部门一份。

甲方(签章):　　　　　　　代表人:郭建敏

乙方(签章):王国得

是后:农业主管部门:

2009 年 11 月 6 日

摇塘圩西葡萄田分户明细

2011. 2. 21

姓名	面积（亩）	签名	手机号
陈高祥	6.6		13182761856
王国喜	7.53		15949202747
王国德	9.22		12812064720
王　童	6.3		15951574800
合　计	29.65		

此页作为原协议附件。

致　谢

本书是我在南京农业大学经济管理学院读研时完成的博士论文。

研究生学习期间是我求学生涯中最艰难的阶段。生活中发生的一些事情常常打乱学习计划，分散研究精力。好在生命中不只有困难，也有良师的指导、益友的帮助和亲人的关怀，使我在挫折面前虽有徘徊，但终能奋发。

论文能够开题、完成和最终通过答辩，首先要感谢我的导师苏群教授。视野太过宽泛、思维跳跃是我的缺点，也是做学术研究的大忌。研究生阶段，苏老师在不断纠正我的这些缺点。苏老师不仅有容人之量，而且指导学生细致、认真。苏老师耐心地引导我的视野聚焦方向，使我最终确定了可行的论文选题，形成了清晰的研究思路。在入户调查的准备阶段，苏老师和我多次修改调查问卷，使调查问卷读起来简洁明快、通俗易懂。在进行农村入户调查时，苏老师更是抽出宝贵时间和我们一起走访农户，填写调查问卷。在论文的写作过程中，苏老师又以"鱼"比喻论文结构的安排：中心思想像"鱼骨"贯穿全文，核心章节像"鱼刺"排列有序，扎实的数据分析像"鱼肉"缜密细腻，精美的图表像"鱼鳞"规整漂亮。除了指导学术研究外，苏老师也乐于与学生分享生活乐趣和智慧。每次师门聚餐，大家围坐在一起听苏老师讲述生活中的趣事是师门独特的风景。在苏老师门下求学的学生，无论在学习上，还是在生活上都受益良多。

论文是在老师们层层把关下逐步完成的。周应恒教授、董晓玲教授、许郎教授、林光华副教授在论文的开题中帮助理清了研究思路；朱晶教授、胡浩教授、苗齐副教授、林光华副教授在预答辩中为论文修改提供了建设性建议；许承明教授、钟甫宁教授、张兵教授、孟令杰教授、王树进教授在答辩中提供了完善论文的建议。没有他们的批评和启发，研究方法不可能得到改进，论文撰写不可能结构合理。借此机会向老师们致以深深的感谢。

师兄周晟、同窗杨永康帮忙联系调查点，为入户调查提供方便；师弟魏宁、周鹏升、赵良臣、李卓然、李钟帅，师妹张瑾、黄尤华、何睿轩、徐潘虹、张钰、林大燕、刘飞霞冒着酷暑和我一起入户调查，不计报酬，任劳任怨。徐潘虹和李卓然还分担了部分数据录入和校对工作。他们认真、耐心和细致的工作使研究获得了真实、准确的数据。再次向他们致以深深的感谢。

能够到南京农业大学经济管理学院求学是我人生中的一件幸事，这里不仅名师云集，且都诲人不倦。钟甫宁教授的《应用经济学研究方法论》和《数量经济学》是经管学子重复爱听的课程，那里每堂课都会迸发新的思想火花；周应恒教授的湖南口音浑厚浓重，但他的《农产品运销学》却引人入胜；朱晶教授的《发展经济学》虽然是用英语讲授，但也深入浅出；何军教授的《现代经济学导论》和《农村社会学》讲得投入，学生听得投入……老师们不仅课讲得好，对学生也很耐心。还有一群老师，他们虽然既不讲课，也不答疑，却给予学生生活上的方便和帮助。在此向徐淑伟、张梅、刘军、赵石明、潘宏志、郭继涛、段荣静等老师表示感谢。

在苏老师门下求学是一件快乐的事情。师兄师姐（师弟师妹）共同营造了一个友爱互助的师门氛围。在此向邱翔宇师兄、丁毅师兄、周晟师兄、周海涛师兄、张宜红师兄、刘华师姐、周春芳师姐、李洁师姐、王奕秋师姐、蒋艳师姐、张玉洁师姐、何小凡师姐、陈智娟师姐表示感谢，感谢你们的关怀和指教；向同窗杨永康、徐程媛，师弟雷戈、周鹏升、魏宁、张增国、李钟帅、李卓然、陈杰、秦强，师妹吴苏、刘明轩、仲丽敏、温金凤、张瑾、鲁婷婷、张娜、黄尤华、何睿轩、徐月娥表示感谢，感谢你们的帮助。在南京农业大学求学期间我有幸结识了很多好朋友。和他们在一起往往会见贤思齐，获益匪浅。他们是师兄张烨林、纪月清、展进涛、周力、洪伟、张晖，同窗严斌剑、刘俊杰、陈铁、莫媛、王军英、郭利京、王海员、吕超、陈彩虹、李春艳，室友杨永康、张锋、高建军、陈志富、王磊、巫鹏、李益、刘玮孟、谷超、张逊。

如果没有遇到恩师史清华教授，我可能不会读研究生，也就没机会写出摆在读者面前的这篇博士论文。史老师是我在上海交通大学的班主任。在交大，701班是最特殊的班级，因为它是唯一一个由教授担任班主任的班级。史老师是最舍得为学生花时间的老师。农经班有辩论赛、篮球赛，他都会亲临助阵。史老师的两项政策使我直接受惠。一是班委任期和竞选制度，二是农村入户调查。通过竞选我在第二年担任了班长一职。虽然任期只有一年，但受益匪浅；他要求学生利用寒暑假进行田野调查，并撰写调查报告。通过调查分析，我对科研逐渐产生了兴趣，这才决定报考研究生。在博士论文的写作过程中，史老师也给予了细心指导。从开题开始，我的论文就在史老师关注之中。初稿完成后，史老师很快通篇阅读，指导我修改。怕我看不明白修改标记，史老师特意安排我到他的家里，当面给我讲解。大到思路、章节调整，小到标点符号使用、图表尺寸，史老师一一标明。师恩厚重！感谢史老师多年来的关怀和培养！祝史老师身体健康、阖家幸福！

"一条龙"地从幼儿园读到博士毕业对我不易，对我父母也不易。爸爸妈妈是老实本分的农民，靠种田和经营小本买卖为生。生存本就不易，还要抚养三个姐姐和我。随着国家经济发展和姐姐们陆续参加工作，我家的经济情况得到了很大改善。姐姐们也主动帮助爸爸妈妈，支持我继续求学。没有爸爸妈妈、姐姐和姐夫们的培育，我不可能有继续深造的机会，也不可能完成博士论文。我取得的成绩大部分是他们的付出换来的。

论文能够顺利出版还要感谢云南财经大学出版计划的资助和社会科学文献出版社的编辑人员的辛勤工作。科研处的赵丽珍老师、社会科学文献出版社的许秀江博士、刘宇轩编辑对本书的出版工作认真尽责，热情周到，在此向他们致以由衷的敬意和感谢。

江淑斌

2012 年 6 月撰写于南京

2015 年 4 月修订于昆明

图书在版编目（CIP）数据

农地流转机制、动力与障碍：基于江苏省的实证分析／
江淑斌著. —北京：社会科学文献出版社，2015.5
（云南财经大学前沿研究丛书）
ISBN 978 - 7 - 5097 - 7439 - 7

Ⅰ.①农… Ⅱ.①江… Ⅲ.①农业用地 - 土地流转 - 研究 -
江苏省 Ⅳ.①F321.1

中国版本图书馆 CIP 数据核字（2015）第 082420 号

·云南财经大学前沿研究丛书·
农地流转机制、动力与障碍
—— 基于江苏省的实证分析

著　　者／江淑斌

出 版 人／谢寿光
项目统筹／恽　薇　蔡莎莎
责任编辑／许秀江　刘宇轩

出　　版／社会科学文献出版社·经济与管理出版分社　（010）59367226
　　　　　　地址：北京市北三环中路甲 29 号院华龙大厦　邮编：100029
　　　　　　网址：www.ssap.com.cn
发　　行／市场营销中心（010）59367081　59367090
　　　　　　读者服务中心（010）59367028
印　　装／北京季蜂印刷有限公司

规　　格／开　本：787mm × 1092mm　1/16
　　　　　　印　张：11.75　字　数：134 千字
版　　次／2015 年 5 月第 1 版　2015 年 5 月第 1 次印刷
书　　号／ISBN 978 - 7 - 5097 - 7439 - 7
定　　价／49.00 元